公安情報から未解決事件を読み解く!

テレビで話せなかった 激ヤバ情報暴露します

北芝健・山口敏太郎

文芸社

対談を終えてポーズを決める２人

公安情報から未解決事件を読み解く！　テレビで話せなかった激ヤバ情報暴露します◎目次

◎プロローグ

芸能人の覚せい剤事件がえぐり出す日本の闇社会

第1章

未解決事件・猟奇事件のタブーにギリギリまで迫る！

第2章　戦中・戦後の隠された闇に公安情報で迫る！

第3章 日本の闇社会とテレビ業界のヤバい話

第4章 二人が出会ったヤバい幽霊たち

◎エピローグ
世界は謀略や冷酷な駆け引きで動いている

編集協力　水守 啓（ケイ・ミズモリ）
カバー（帯）・本文写真撮影　長坂芳樹

プロローグ
芸能人の覚せい剤事件がえぐり出す日本の闇社会

某歌手の麻薬事件から見えてくる日本の賄賂文化

山口敏太郎　２０１４年５月（17日）、覚せい剤取締法違反（所持）でＣＨＡＧＥ ａｎｄ ＡＳＫＡのＡＳＫＡ氏が逮捕されましたが、一緒に逮捕された女性はＰ社で接待要員を務めていた疑惑がありますね。

北芝健　Ｐ社自体はネガティブな企業でもなんでもなくて、大きな富で動いていて、かなり前向きな会社ですね。その気前の良さから、いかなるマインドで動いているのかみんなわからないうちに、Ｐ社が開くパーティーの参加者が増えて、どんどん人脈が作られてきたという構図があるようですね。

山口　それが接待の範囲なのか、それとも工作なのか、という点が気になりますね。

北芝　やっている方は接待のつもりでも、その裏の意図として、何かの工作をしているように受け取られる可能性はありますね。そうなると、日本の伝統的な風習と変わらなくなりますね。

たとえば、ビートたけし氏がよく言っているんですが、日本という国は賄賂《わいろ》文化であって、それでお互いの安全を保ってきた、と。

山口　賄賂文化は田沼意次《たぬまおきつぐ》時代（江戸時代後期、悪化する幕府の財政赤字を食い止めるため、重商主義政策＝初期資本主義化を進め、改善をみたが、贈収賄も横行するようになった）からずっと続いてきた文化ですものね。

北芝　そうです。その風習が、たとえば「命の安全を買う」という意味で、盆暮れの中元・歳暮として残っているのではないかと思います。

これを虚礼だと言うのは、アメリカのプラグマティズム（実用主義）の人間か、それとも日本の伝統文化が嫌いか、言ってみれば、改新的な思想を持った人だと思うんですよね。中元・歳暮が虚礼だと言っている人でも、もらうと態度が軟化したり、友好的になったりしますよね。

山口　いらないと言っているわりに、贈るといきなり態度が変わる人がいますね（笑）。

北芝　「そんなの結構ですよ、年賀状も虚礼ですよ」と言っておきながら、年賀状も寄こさないと後で文句を言ったり、もらうと素晴らしいと言ったりする。

山口　特に西日本の人に多い気がします。

北芝　西日本の人に多いですねえ（笑）。ぶぶ漬けでもどうですかって言われて、ほんとに食って帰ったら、後で何言われるかわからない。

山口　田舎者めっ！　みたいに言われちゃう（笑）。

北芝　そうそう（笑）。だから、日本人の精神構造って二重構造どころか、出自としての地域文化や生活や勤務環境や地位、力関係などで五重構造ぐらいになってるんですよね。

某歌手は相手の女性ではなく、場所のパワーに引っぱられた？

山口　でも、接待と収賄・贈賄の違いって、どこなんですかね？

北芝　たとえば、盆暮れに安全を買うために品物を贈るというのは、日常の一つのセキュリティーだろうと思うんですが、接待は一つのキャンペーンで、要は戦略ですよ。

何を贈るかですが、異性を自由にしていいという形のプレゼントをするストラテジー（戦術）も存在すると思います。その人がゲイだったら、ゲイの男の子を送り込めば効果を発揮したりする。

山口　異性をあてがう、あるいは同性愛者にゲイの人をあてがうというのは、法には触れないのですか。

北芝　人間を紹介するという形式はあるけれど、含みの部分は「あうんの呼吸」ですから法には触れないです。接待というのは、突き詰めるとどうしても性的な部分が伴ってきますよね。

山口　P社の迎賓館「N」という場所は、もともとガマ池があったところで、江戸時代にガマの妖怪が出て、ガマが女の人を犯そうとしたところを侍に捕まって、心を改めて防火の神になった……。それが麻布十番稲荷なんですが、そこの横なんです。だから、妖怪伝説の場所、しかもエロ妖怪の伝説がある場所で、肉欲接待が行われたとささやかれたこと自体が意味深ですね。

北芝　非常に因縁を感じますね。麻布十番稲荷のあたりに、昔は孤児院があって、「赤い靴履いてた女の子、異人さんにつれられていっちゃった」という童謡のモデルになった女の子がいた。

あれ、きみちゃんという9歳の女の子が主人公なんですが、異人さんに連れられて太平洋を渡る前にその孤児院にいたんですよ。実は異人さんに連れられていっちゃったんじゃないんで

北芝健氏

す。その孤児院で亡くなっちゃったんです。

山口　以前、僕もその話を知って、「ああ、連れられていってないんだ」と思いました。

北芝　だから、あの歌詞は先を見越しすぎちゃって、結果を見届けてないんですよね。

山口　確か野口雨情（1882～1945、詩人、童謡・民謡作詞家）が、養子に出したお父さんとお母さんから話を聞いて書いたとかで、そのお父さんとお母さんは外国に行ったと思っていたらしいですね。

北芝　宣教師だった異人さんと一緒に外国に行ったと思っていたんです。でも本当は孤児院で熱発《ねっぱつ》して、いわゆる感染症で死んだんだと思うんですよ。9歳ですから、まだ抵抗力がなくて、冬に亡くなったんだと思います。

山口　あまり良いものを食べていなかったんでしょうね。

北芝　それに、あそこの土地は谷地ですから、湿っぽいんです。

山口　なるほどねえ。

北芝　それで、たとえば麻布台という高台があって、そこからストンと鳥居坂から落っこってきますね。あれ、悪い気が溜まって逃げていかないんだろうと思うんですね。ため池みたいなものですね。

山口　吹き下ろし的ないろいろなものが渦巻いている……。

山口敏太郎氏

北芝　それでちょっと怖い。ガマ池というところは水ですから、そこに霊気というか、電気と水分があれば、霊は力を発揮しますんでね。**いろんな霊が自分たちの力を誇示しているところ**だと僕は思っているんです。

山口　僕は中を見たことはないんですけど、マッサージ師がいたり、占い師がいたりして、接待して、風呂にも入れるし、マッサージもしてもらえるし、占いもしてもらえるという、至れり尽くせりの場所のようですね。

北芝　至れり尽くせりですね。だから、身体だけじゃなくて、精神までの際《きわ》というか、実に見事ですよね。

編集部　そこは誰でも借りられる場所なんですか。

山口　いえ、そこはP社グループが持っているところで、接待パーティーがあって、政治家とかが来ているんですね。

北芝　参加者のリストも公表されちゃっていて、そこにＡＳＫＡと一緒にいた女性なんかもおそらくマネージング・スタッフとして参加していた。

それで、オフレコめいた話なんですけども、ASKAという芸能人と知り合い、その女性がくっついた。そのときに何か不可思議な場所で二人を結びつけた何か一つの力というのがあったように思うんです。というのも、ASKAという人は2歳ぐらい上の奥さんと仲睦まじかったんですよね。

山口　アナウンサーをやってらっしゃった。

北芝　そうですね。「金のわらじを履いてでも探せ」という、ちょっと年上の感じ。

しかし、ASKAと付き合っていた女性、こう言ったら悪いんですけどね、北の方からやってきて、一旗揚げた人ですよ。で、かわいらしさも、女らしさも、誠実さも全部持っていてね、たぶん、日本女性としては、ルックスから身上からトップグループに入る、超A級の女性だったと僕は思うんですよ。

ASKAさんはそこに惹かれたんではなく、あそこに溜まっていた不可思議なパワーというんですかね、そこのパワーに引っぱられて一番手近だったその女性とくっついたんじゃないかという気がしますね。

昔は小さなスキャンダルなら報道を抑えられた

山口　ＡＳＫＡ容疑者はその女性とくっついて薬物の方に走っていったんですかね。

北芝　実は、15年ぐらい前からＡＳＫＡのドラッグ疑惑というものはありました。その頃は彼らはまだ出会っていない。

ここからはちょっとオフレコになりますが、暴力団でＦという組織がありまして、そことつるんでいるＫというヤクザがいる。もともとはＹという関西の組織の正規組員なんですが、Ｋは芸能界に食い込んでいって、芸能事務所Ｋと関西組織のＹ組の系統とつるんでいたんですね。

彼は芸能界で隠然たる力を持っていて、もちろん、いろいろなプロダクションからも「みかじめ料」を取り立てていた人間で、今、逃げてますけど。それがＹ組と関係がマズくなって、それで今は関西組織のトップグループが力を持ってますから、今は足を洗ってからそのグループとつるんでいるんですね。

山口　堅気として付き合っているということですか。

北芝　堅気としてです。でも、警察から見るとやっぱり「共生者」なんですよ。準構成員に近いという位置づけです。

そこがＡＳＫＡのシャブ（覚せい剤）の供給源の一つなんですよ。ＡＳＫＡの供給源は本当は別にいるんですが、まあ言ってみれば影の口利きで、ずっとその命脈を保っていたんですよ。

山口　あるテレビ局のわりと上層部の方と芸能リポーターの×さんが、その局がＡＳＫＡがキメてる瞬間の動画を入手して、間違いなく本人だと思ったんだけど、報道はしなかったというんですよ。やっぱり、ちょっと武士の情けというのもあったんでしょうね。

北芝　×さんは雑誌の編集者出身ですから、その辺のさじ加減はよくわかっているんでしょうね。

山口　つまり、芸能界は相当汚染されているということでしょうか。

北芝　相当汚染されているでしょうね。ＡＳＫＡだけではなくて、おそらく数十人にはなるという話なんです。

山口　そんなに多いんですか。

北芝　枝から枝にいきますんで、仲間がネズミ算式に増えて、一服やった連中を含めると数十人になるんですね。

山口　警察はどこまで挙げてくるんですかね？

北芝　歌手仲間とレコード業界の技術屋さんまでいっているという話です。そうなると、証明は無理ですね。一服吸いに来たやつなんて、ものすごくいっぱいいますから。

たとえば、5、6人で吸ったところで、それぞれに3、4人ぐらいがくっついてきていたら、あっという間に20人を越しちゃうわけですからね。

山口　「トンデモ××」という日本テレビ系の番組があって、芸人の陣内智則さんが司会で次長課長さんや眞鍋かおりちゃんが出ているんですが、僕も2回放送されたパイロット版に出たんですよ。それで、「レギュラー番組になる予定ですので、敏太郎さんも月一ぐらいで準レギュラーで出てください」と言われたので、「はい」と答えたんです。ところがいつまで経っても始まらないんですよね。

そうしたら、プロデューサーがシャブで捕まったというんですよ。「えっ、プロデューサーが捕まるんだ！」って驚きました。

北芝　昔は守られていたんですよ。昔は大手出版社のカメラマンが空港で捕まったぐらいなら全部抑えていたんです。

編集部　昔は抑えていたということは、たとえば、出版社の社長から警察のしかるべき人に話をしてということですか。

北芝　警察と報道関係の懇親会のようなものがあって、「今度こういうことがあったのは知ってるだろうけど、皆さんこれは黙っていてくださいね」と言って抑えるというレベルですね。そうすると、どこも書かない。そういうことができたんです。

編集部　出版社と警察が普段から交流があったりした？

北芝　そういうのではないんです。カメラマンの例でいえば、カメラマンはすでに空港で警察に捕まっちゃっている。けれども報道はされない。

捜査は続行されているんですね。強制的に逮捕されたわけですから。

ただ、報道はされないんで、まあ来日というか、世間の目には曝《さら》されないということが多かったのですが、最近は、そういう形での依頼は無視されますね。

シャブ中毒の脱力感はまるで無重力で指も動かせない状態

山口　北芝さんも一度出られた「クギズケ！」という番組に僕は準レギュラーで出ていて、一緒にタイタンの吉田たかよしさんというお医者さんが出ていましてね。それで吉田さんのマネージャーのRさんという方がいたんですけど、僕がタイタンのタレントさんにインタビューをするときはRさんを通じて行っていた。

爆笑問題の太田光さんの同級生で、なかなか気の利くマネージャーさんだと思っていたんですが、シャブで捕まったというんで、こんな身近な人が捕まるんだとこれもびっくりした。仕事をやっているときは普通なんですけど、シャブ中毒というのは、そういうものなんですか。

北芝　普通に仕事ができるというのは、底上げされた状態なんですね。シャブが切れてくると、まず脂汗が出てきて、脱力感があって、指一本動かすのもすごく重いんです。

たとえれば無重力空間で上に行って、G（重力加速度）がかかって、指もなかなか動かせないという状態。「平成教育委員会」で実験をやったんですが、僕はビートたけしさんの命令で8回体験したんですよ。

山口　何やってるんですか（笑）。

北芝　無重力体験を8回やれと言われて、すごくきつかったんですが、太平洋の広い空間の中に無重力を実験できる空間があるんですよ。日本の小松空港からビューンと特殊な飛行機で飛び立って、太平洋のど真ん中に行くんですね。

そこで、ギューンって上がって、しばらくしてGが切れて、くるくるくるとやると無重力の状態になって、それがしばらく続いて、それが切れると、またドーンと行くんですが、それを8回やったんです。

それで、「なんで僕に?」と思ったんですが、他のタレントさんはみんな2回目でゲロ吐いちゃうんです。歯が折れるぐらい口を結んでおかないと、胃の中のものが全部出てきちゃうんです。

山口　うわあ、きついですね。

北芝　そう言われていたものだから、おかゆを少しだけ食ってから行ったんですよ。それでも込み上げてきますよ。飯がウォーって。歯が折れるぐらいクッーって。

山口　では、シャブ中の人って、切れたらそんな状態になるんですか。

北芝　無重力状態の手前ぐらいで、指一本動かすのも重いぐらいになるんですって。それで、眠気じゃなくて、だるさがくる。

仕事でもシャブ中の者をいっぱい扱ったんですが、本当に自分の知らないうちにねっとりとした脂汗が出る。それから脱力感がひどいんだって。
　あと肝臓をやられますんで、男でも女でも顔が土気色《つちけいろ》になるんですよ。
山口　そういえば、Rさんも土気色だったような気がしますね。
北芝　土気色は怖いですよ。
山口　酒の飲みすぎかと思っていたんですけど、違うんですね。

北芝　消化器官が全部やられちゃいますからね。腎臓もやられちゃう。
　それで、皮膚が内臓と直結しているので、顔色が茶色になる、縦筋が入るという感じなんですよ。

シャブ中が好む車種がある？

山口　最近、人気のあるおまわりさんで、徳島県警のリーゼント刑事《デカ》という人がいるんですよ。その人たちと飲んで話したんですけど、車を見るだけでそいつが何の犯罪をやっていそうかわかるというんです。

これは、「警察24時」とかの番組を見ていても、よく刑事が言うことなんですけど。

北芝　それは刑事《デカ》っぽい見方ですね。たとえばシャブ中が好きな車の車種というのがいろいろあるんですね。たとえば、レンジ・ローバーが好きだとかね。

山口　隠すところがいっぱいあるんですか。

北芝　隠すところがいっぱいあったり、山道を逃げるのに最適とか、いろいろあるんですね。シャブで頭がおかしくなっているからその車種を選ぶのか、あるいは捜査側を警戒して、そういった高性能の車を選ぶんだと思います。

逆にどうしてもシャブが必要になる人が出てしまう職業というのが、不幸なことにあるんですね。長距離トラックの運転手とかね。

山口　僕は「日本通運」という会社で営業をやっていたんですけど、入社した25年前は、運送業界にけっこうおかしな運転手がいたんです。車中に日本刀を置いていたり、シャブを打って運転していたり……。

大阪・東京間の継走をやっているやつとか、けっこうシャブを食らっていて、頭のおかしいやつらがいたんです。

北芝　東京の築地市場の交番にいたときに交通整理をしていたんですが、築地の市場って、午前3時ぐらいからトラックが全国から来るんですよ。

昔はシャブ入れている人もいましたよ。そういう人は目つきが違いますもん。

山口　僕が新入社員を物流倉庫に案内しようと日通の車を走らせていたとき、どこかの運送屋のドライバーで、いちゃもんをつけてきたのがいたんです。無視して走っていたんですけど、「ターミネーター」のような顔をして全力で走ってずっと何キロも車を追ってきたんですよ。

あれ、たぶん薬物じゃないかなあと。あの体力は異常だなあと思って。逃げきりましたけどね。

北芝　それはヤバいですね。でも、どこかで心臓が耐え切れなくなって、パタッといくんでしょうね。覚せい剤は運動パフォーマンスが上がりますからね。
山口　日通の子会社・孫会社の運転手がいるんですけど、当時は指がなかったり、自衛隊上がりだったり、素性がよくわからない人たちがいたんです。日通の某課長がどこかから拾って連れてきた人だったから、「そんな人を入社させるんだなあ」と思いましたよ（笑）。

北芝氏がシャブを抜くまでの過程を解説

山口　実は僕の友人でシャブ中だったやつがいるんですよ。結構早めに1年ぐらいでやめて、更生して、今ではある資格を取って社会的に地位のある職場についているんですが、その人はすごく我慢強いんです。
我慢強いことに定評のある彼でも、しんどかったというんですよ。シャブ中になった人が更生するのは難しい気もしますが、ASKA容疑者って、治るんでしょうかね？
北芝　治ると思いますよ。シャブ抜きは、水をいっぱい体内に入れて、同量ぐらい出すということを数えきれないぐらいやると抜けるんです。ヘロインと一緒ですね。
そのときにスーパーバイザー（監督者）を二人以上つけて1週間ぐらい監禁するような形で

体から薬を抜くんですよ。

キレート療法といって、点滴で体から抜く方法もあります。その場合、大体45日間で抜けますね。

山口 そのあとも、禁断症状は出てくるんですか。

北芝 出てきます。そのときに監禁状態にしておかないと、錯乱して危ない。

ヘロインなんかもそうですが、超人的な力を出して暴れるんです。

もう、薬が欲しくてしょうがないんです。

シャブ中の暴力団を留置所に入れるでしょう？　一日目は寝なくて目がらんらんとするけど、汗もどうどうとかくんですよ。すると同房にいる犯罪者が気持ち悪い、体臭がきついから、移してくれと言うんです。

結局だるいから、気を失うような形で、うつろな目になって、茫然自失のような状態になるんですね。それが2日目、3日目ですよ。

その頃になるともう眠るんですが、いつ寝たか自分でもわからないわけですよ。

　怖いのは、そのときに同房の者がいると、疑心暗鬼が募っていますので、「おまえ、殺しに来ただろう、命取りに来ただろう」と言って、首絞めたり、ものすごい勢いで襲いかかるのが危ないんですね。それで、一人にしちゃうんです。

山口　専門のシェルターに入れて治療しないとダメなんでしょうね。

北芝　アメリカなどはシェルターが完備していますけど、日本ではなかなかなくて、抜きたいけど意志が弱いからと言って、薬物依存症リハビリ施設の「ダルク」（DARC）なんか行くんですね。ダルクはもう半分公的機関になっていますから、面倒見てくれるんですが、ダルクの中で、また良からぬ連中と知り合っちゃうという人もいて、問題もあるんですね。

山口　清水健太郎さんみたいに、何度もやっちゃう可能性はあるんですか。

北芝　可能性はありますね。田代まさしさんなんかもそうですが、やっぱり野放しの状態ではダメで、誰か良心的なスーパーバイザーがつかないといけない。

　お金があるとやっちゃうんですが、お金がないと一回の薬を手に入れるために犯罪をやろうとするので、これも危ないんです。

Iさんは髪の毛の間に注射していた？

山口　聞いたところでは、元AV女優のタレントで2008年に亡くなったIさんもシャブ中だったという説がありますね。

北芝　僕はIちゃんとは十何回か仕事をご一緒してお話を聞きましたけどね。やっぱりAVに出るときには羞恥心がすごいらしい。

それから、切羽詰まっているので、とにかくワープするような気持ちでやったんだと言ってましたね。供給ルートは若い頃からあって、Iちゃんは、錦糸町ルートとか亀戸ルートとか言われていますけど、まあ、錦糸町の方だと。

羞恥心だけでなく、恐れがあったんだと言っていました。何を恐れるかと言えば、いっぱいあるんですが、チョンと打つと、恐れとか恥ずかしさが全部飛んだというんですね。

どこに打ったかとか聞きたいじゃないですか。AVというのは、全裸になって性器まで露出するという現場ですからね。ボカシを入れるのは後の作業で、撮ったときは生で撮っているわけで、いわゆる注射痕まで丸見えになる。
一度やったら常習者になってしまうんで、よけいに目立つから、どうしているのと聞いたら、髪の毛の間に打ったと言うんです。
痛くないのかって聞いたら、刺した瞬間だけ痛い。あと薬液が流れ込んできたら、脳みその中がピシーッと冷たいアイス状態になったって言ってましたよ。
山口　それで、「冷たいのあります」という業界用語があるんですね。
北芝　それです。だから、Iちゃんはそれだったし、断ち切るのは簡単じゃないと言ってましたよ。
山口　IちゃんのスタッフがASKAさんの運転手をやっていて、今は元プロ野球選手のKさんの運転手になっているそうですね。その辺が供給ルートの窓口なのかって思いますね。
北芝　便利屋さんみたいな存在がいるんでしょうね。
山口　じゃあ、「ちょっと仕入れて」と頼んだら、「はい」って行ってくれるような人がいる環境ではあるんでしょうか。
北芝　はい。たとえば、田舎から出てきて、有名女子大に通いながら、実は親に嘘をつきながらホステスをやっている子は多い。「卒業したのに何で就職しないの?」と聞かれたときのために、夜のネオン街には給料明細を作ってくれる便利屋までいるわけですからね。

山口　電話で総務部のフリをしてくれたりもするようですね。「今、外回りに行っています」と答えてくれたりして。

北芝　住所代行屋というのもいますからね。文京区あたりの住宅街の中のマンションに住んでいるってことにして、実際に名刺に刷っても大丈夫で、そこに郵便物が届くという仕組みにしているところもありますね。

第1章

未解決事件・猟奇事件のタブーにギリギリまで迫る！

マンションの入り口に貼られている謎のシールは泥棒同士の符牒だった？

山口　日本通運の船橋にある寮にいたとき、イドロ（家主在宅中に入る泥棒のこと）みたいなのに遭ったことがあるんです。僕とかみさんが日曜の朝にボーッとしていたときに、ドアがガチャガチャ回されて、すうーっと開いたんですね。

僕がドアを開けて、何ですかと聞いたら、3階の人の名前を言って、「間違えました」と言ったんです。「その名前の人は3階ですよ」って教えてあげたら、「あっ、ごめん、フロア間違えた」と言って、降りていったんですね。

怪しいなあと思って見てたら、3階を素通りして、そのまま下に行ったんですよ。「あっ、これは泥棒だ」と思って。そうしたら、すぐ車で逃げちゃいましたよ。

北芝　間違いないですね。

山口　ふと気づいたんですが、うちだけでなく、あちこちのアパートやマンションの入り口に、緑とか赤とかいろいろなシールがたくさん貼られていたんですね。最初はNHKの集金の人が貼っているんだと思いながらも、「何だこりゃ！」と思っていたんです。だけど、気になったんで、全部剥がしてしまいました。あれは、訪問販売の連中とかが、泥棒のために印をつけているんですか。

北芝　そうです。アパートもそうですが、**表札に○とか△とか川のマークをつけているのは、符牒《ふちょう》でね。午前中は留守だとか、週末は旦那がいないとか、犬がいるとか、そういうマークなんですよ。**

空き巣に入る同業者のためのメッセージなんですよ。この辺に行けば、ノビ（忍び込み）やって、ひと財産手に入るぐらいのことを言われて、そのエリアに行ったときに、この家だねってわかるんです。

山口　でも、あれは自分の利益にはならないのに、なぜやるんでしょうね。

北芝　提携業者がいるんですよ。横浜なら横浜のノビやる連中が、足立区のどこどこに行くと言ったら、じゃあ、マークをつけとくからということになるんですよ。

山口　そういう専門の連中がいるんですか。

北芝　ええ。足立区のどこどこだったら、印つけとくよ、ということなんですよね。

山口　そうしたら、その業者にいくらかバックするんですか。

北芝　うまくいったらお礼をするんですよ。自分のところのテリトリーで地元の刑事に目をつけられていたら、しばらくできないじゃないですか。それで、しばらくおとなしくしておいて、別のやつに入り込ませるといった形での提携ですね。

一時期、街中にも謎のシールが貼られていると話題になった。
写真は本郷三丁目で山口敏太郎氏が撮影した謎の「力士シール」

屋根裏に入ったりする電気工事のやつがいるじゃないですか。昔、あの仕事をやっていて泥棒をやる人も多かった。

山口　そう言えば、電気工事の人って、すごく狭いところから入りますもんね。

北芝　そういうやつが、連続の空き巣となったのが、昔はいましたね。

山口　実は昔、その印の意味がよくわからなかったので、剥がしたシールを全部向かいの家に貼りつけちゃったんです。そうしたら、向かい側の家に泥棒が入っちゃった。

北芝　そりゃ、ありますよね（笑）。

山口　怒られちゃいますよね（笑）。悪気はなかったんですけどね。あのマークの話をあとで聞いてぞっとしましたけどね。

北芝　杉並なんか、マークだらけだったことがありますよ。僕の出身地の葛飾とか、低所得者が集まっている地域でもマークをつけていますね。

それから、中国福建省のチャイナ・マフィアが入ってきて、一時期ピッキングが増えたんですよ。そのとき、マークも急に増えました。

山口　侵入時に使う手段で、焼き破りがあるじゃないですか。調べてみたら、江戸時代の人も取っ手のところをウメガイという刀でバーンと開けていた。これは、刀の代わりにバーナーの火に変えただけで、今の焼き破りと一緒だと思った。

北芝　まったく一緒ですね。手袋をしていって、ガムテープをガラス窓のところにペタッと貼る。ギリギリギリってダイヤモンドの刃で全部丸く刻みを入れて、ポンとやるだけで、カパーンと穴開いちゃうんですよ。

手袋をしているから、ケガをせずに中に手を突っ込んで、錠を開けてスーっと入ってくるのが多いです。

山口　怖いですね。ある意味、マンションの方が安全かもしれない。

北芝　安全ですね。一軒家は怖いですね。で、一軒家で失敗すると、火をつけられたりするので、すごく怖いですよ。

チャイナ・マフィアが得意としたピッキングですが、今はその道具が新宿あたりで販売されているんですよね。

山口　鍵の専門職が買うこともありますからね。

北芝　あれは、慣れれば2本を使ってできますからね。

山口　器用な人はできちゃう。それで、僕はサムターン回し対応の鍵に換えましたよ。怖いですから。

中国人とか、皆殺しにするじゃないですか。日本の泥棒じゃ、ありえないですよね。

北芝　ありえないですね。

世田谷一家殺害事件の犯人は韓国人か

山口　2000年12月に、東京世田谷区で6歳の子供を含めた家族4人が皆殺しにされた凄惨《せいさん》な事件がありましたよね。あの犯人は日本人ではないと聞きました。

北芝　世田谷一家殺害事件で宮澤さんを殺した犯人ね、あれは韓国人だってことで、外国にまで知られていますよ。

もう高飛びしたんですね。1年後に成田から出国するのを見られたようですね。名前もわかっていて、当時27歳だったTというプロの殺し屋で、80人ぐらい殺しているやつですよ。

山口　誰かから依頼を受けて宮澤さんを殺したということですか。

北芝　どこの宗教かは当局も秘匿しているんですが、東アジアで生まれた宗教で、お金を集めているところがあるんです。当時、殿堂建立の必要があったんですよ。

宮澤みきおさんの家は後ろ半分が公園、前の方が道路になる予定で、公的機関から多額のお金が入るはずだった。でも、なかなか入らないから出せないじゃないですか。そんな立場の人がいっぱいいいたんですね。

それで、宮澤さんは襲われて、まだ息があるうちに髪の毛掴まれて、奥さんの顔を何回も刃こぼれするぐらい刺しているんですね。宮澤さんに対しても言うのをはばかられるような殺し方をしているんですよ。

山口　ひどい手口ですね。

北芝　あまりにもひどいから報道されないんですが、それでも悪事千里を走るじゃないですか。関係者がビビっちゃって、同じ立場の人がみんなお金をバァーっと出したんですよ。それで殿堂が建立されたと言われているんですよね。

犯人は韓国人の殺し屋という情報が浮上していて、2年間の兵役を積んだやつだったから、止血の方法も軍隊式で、黒いハンカチで一部に穴を開けて指だけ出して、滑り止めにして、刃物持って、ブスっとやった。だけど、何回もやるし、奥さんも娘も宮澤さんも刺したんで、結局、自分の手を切っているんですよ。

それで、指紋が残っちゃっているんですね。殺してすぐに逃げると、いろいろな意味でヤバいんで、しばらくアイスクリーム食べたり、パソコンいじったりしていて、それでふらっと逃げているんですよ。

そのとき、車と接触して顔を見られている。当時27歳だったけど、日本に愛人がいて、1年そこに匿《かくま》われていた。その後に成田から出国したのも見られているんですよ。

山口　今でも韓国のどこかにいるんですか。

北芝　いるはずですね。ただ、韓国政府が捜査に協力しないんですよ。

山口　なぜなんですかね。

北芝　韓国人がやったというと、政府の弱みどころか、韓国全体の弱みになっちゃうじゃないですか。それで身柄引き渡しもできないし、指紋が採れているとか言っても、協力したら日本側に食い込んでこられちゃうから。

山口　それじゃあ、韓国に逃げられたら、捕まえることはできないじゃないですか。

北芝　そうですね。政権が日本に対して同情心があれば、情報開示ということになるかもしれないけど、今のところはダメですね。

酒鬼薔薇聖斗事件は儀式殺人だった？

山口　１９９７年に神戸で発生した連続児童殺傷事件、いわゆる酒鬼薔薇聖斗《さかきばらせいと》事件を起こした当時14歳の少年、酒鬼薔薇ですが、実は、冤罪《えんざい》説というのがずっと語られているんです。確かに酒鬼薔薇一人であの犯罪ができたのかなというのは僕も疑問に思っているんです。

最初の疑問は捜査のやり方です。当初、土師淳《はせじゅん》君の頭部が門柱に置かれた頃、坊主頭の男が車に乗ってうろついていたとか、犯行現場周辺でやはり坊主頭の中年男が目撃されていたのに、その話は一切記者会見でも発表されなかった。マスコミでも報じなくて、結局、酒鬼薔薇が一人でやったということになっているじゃないですか。

体力的に余裕のある少年ではなくて、むしろ華奢《きゃしゃ》でどん臭い少年があの頭部を門柱に持ち上げられたのかなというのが、すごく不可解だったんですね。

また、首が第二頸椎で切断されていたらしいんですが、酒鬼薔薇の自白調書通り、コンクリの上に遺体を水平に置いてノコで切ったとしたら、口のうしろあたりに位置する第二頸椎では切断できない。本当であれば、机のような台に乗せて首を曲げて切断しないと無理だといわれているんですね。

だから、酒鬼薔薇の自白調書に矛盾があったのに、なぜああいうふうに押し切られちゃったんだろうかと思うんですよ。

北芝　それは僕も聞いたことがあります。その坊主頭の男は、実は知的障害者だったという説があって……。

それで、彼を捜査線上に浮上させると、差別問題に触れちゃうんで、ヤバいんじゃないかという話は聞きました。でも、確かに酒鬼薔薇をバックアップしたかもしれないという説は根強いんですよね。

山口　やっぱり、そうなんですか。

北芝　ええ。酒鬼薔薇聖斗の非力《ひりき》さを補えるのは、その知的障害を持った坊主頭の中年男なんですよ。仲良しだったと思います。

山口　友達だったんですか。

北芝　一種の友達だったと考えられます。

山口　車は運転できるんですか。

北芝　できると思います。
山口　その人は保護観察とかになっているんですか。
北芝　逮捕もされていないはずです。知的障害者であれば扱うのが難しいので、捜査対象から外した可能性はありますね。
山口　事情聴取をすれば、警察の記録には残るんだけど、一切ない。ということは触れてはいけない身分の人間ということになるんですよ。
山口　有力者の息子か何かですか。
北芝　そういうことではないんですよ。知的障害者があのような残忍な犯行を手助けしたという話を表ざたにするのがあのときはヤバかったという話が、伝聞なんですが耳に入ってきています。
　特にその人は主犯ではないですからね。土師君を殺害したのは酒鬼薔薇であることは間違いないですよ。それから、その前に女の子をやったのも酒鬼薔薇だし、小動物を殺したのも彼なんです。
　酒鬼薔薇は、やっぱり栄養のいい子供なんですよ。あの年頃の犯罪って性的な要素がすごく強くて、土師君を殺したときに、ズボンの中で射精したと言っているんですよね。
山口　じゃあ、完全に快楽殺人ですね。

北芝　要するに、性的な刺激が高まっちゃった。性器はズボンの中にしまってあって、手を使って自慰することもなかった。

山口　夢精みたいなものなんですね。

北芝　殺害行為をしたときに射精しちゃったと刑事に言っているんですね。

山口　酒鬼薔薇は出所しているじゃないですか。本当に治ったのかなあと思うんですね。ああいう快楽殺人は治らないのではないかと気になるんですが……。

北芝　治らないですよ。だって、小児性愛者は絶対に治らないということになっていて、欧米の犯罪学でも治らないと言っている。

僕が大学院で教えている学生（博士前期課程）も、様々なデータを調べた後、ペドフィリア（小児性愛）の犯罪について聞いてきたので、僕は治らないと断言しました。その後、彼は他の文献もチェックした上で、僕と同じ意見を持つようになりました。

もちろん理性で我慢することはできる。あるいは薬漬けにして嗜好《しこう》を凍結することはできるんですね。

そうすると、副作用でスローな動作、呂律の回らない口調になったりする。そうすれば、犯行に及べないようにできるので、〝事実上そうやっている〟場合も多いです。

山口　そうですか。

北芝　実は、犯人への温情だとか、少年法の問題とかいって、日本だけが揺れ動いちゃって、社会にとっては危険をはらむ要素を日本は明治以来ずっと温めてきたんですよね。だから、どれだけ少年の暴走で人が死んだか。

少年法は改正されましたが、まだ生温《なまぬる》いんですよ。１９８８年に足立区綾瀬で女子高生が41日間強姦されて、殺されてコンクリート詰めされた殺人事件（女子高生コンクリート詰め殺人事件）でも、温いどころではないですよ。少年法は悪魔の法だと言っている捜査官も大勢いる。

山口　少年時代に凶悪犯罪に手を染めるやつはまた再犯する可能性はあるわけですよね。

北芝　50パーセント以上ありますからね。

山口　２００９年に香川県の女子大生が広島県の山で殺されてバラバラにされたんですが、あれなんか何かの儀式のようにやられていた。淳君が殺されたときも、口を耳まで裂かれて、縦の筋を入れられて、ハロウィンのかぼちゃのようにされていたと聞きました。

酒鬼薔薇はバモイドキシンとか言って、儀式っぽいことをやっていたじゃないですか。また何かしでかさないかと気になっちゃいます。

北芝　彼なんかも医療が徹底的には施されていないので、可能性は残るでしょうね。

大半の者は結局、ゴロツキが多い職場で、悪いやつと一緒になって、また犯罪に走ってしまう場合も多いんですよね。だから再犯率も高くなってしまうんです。

「文字霊」といわれるように、文字には精神性が込められている

山口　僕はシリアルキラーに興味を持っているんですが、特に印象に残っているのが、1988年から1989年にかけて東京と埼玉で幼女を対象とした一連の誘拐殺害事件を起こした宮崎勤。それから、今話してきた酒鬼薔薇ですね。

宮崎勤が今田勇子の偽名で書いた脅迫状の筆跡を見ると、酒鬼薔薇の脅迫状の筆跡とすごく似ているんですね。なんかシリアルキラーの書く独特のねちっこいカクカクした文字とか、すごく共通しているんです。

北芝　なるほど。

山口　精神的にそういう方向にいっちゃう人って、同じような筆跡だったり、同じような嗜好や傾向って、あるのかなって思っちゃうんですよ。

北芝　僕もそう思いますよ。筆跡鑑定の第一人者と言われる根本寛さんという方と会って話したことがあるんですが、心が字に出るというのは本当らしいと。

文字一字一字に強い思い入れがあると、ああいう字になってしまうんじゃないですかね。

山口　よく「文字霊《もじだま》」というのがあると言われたりしますが、書道家やお坊さんが書く字は丸

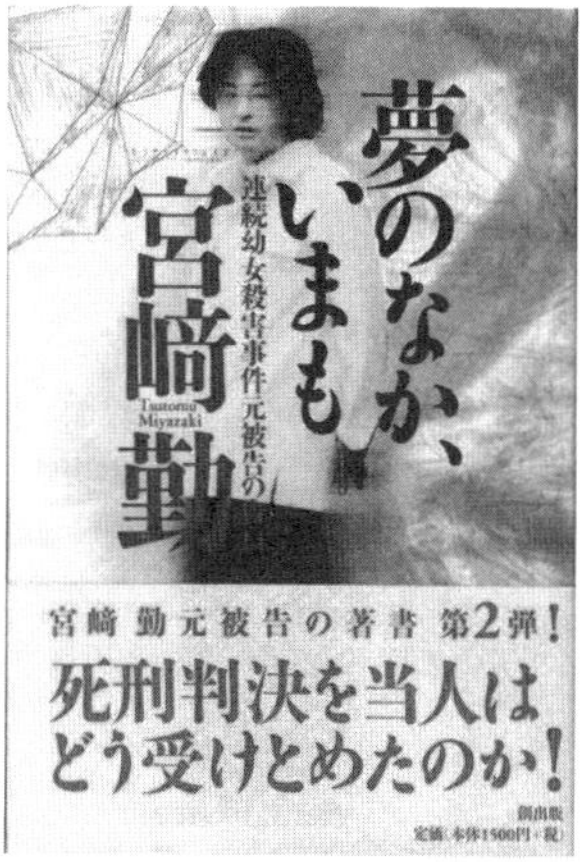

宮崎勤（死刑執行済み）の著書

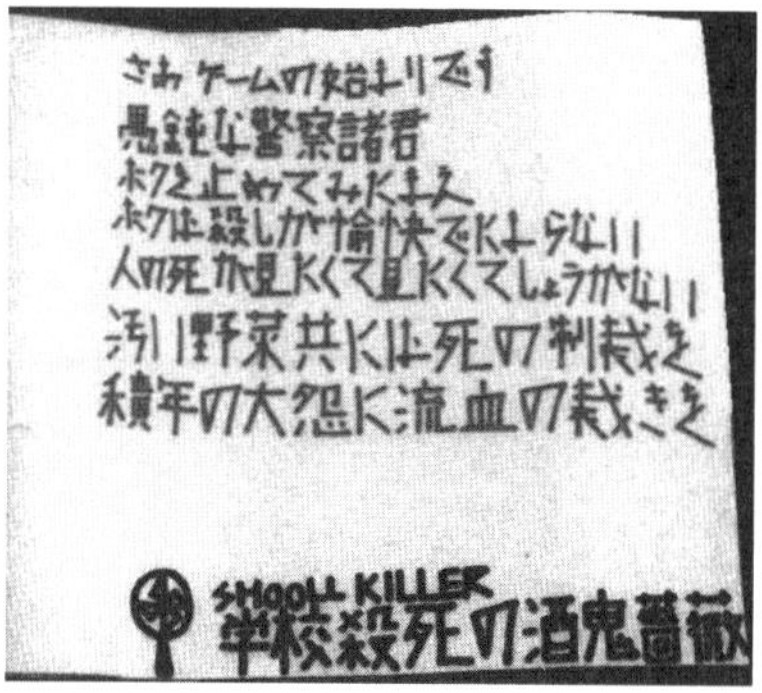

酒鬼薔薇聖斗事件の犯人が書いたとされる脅迫状

かったりする。でも、犯罪者の書く脅迫文には、異常なテンションがある。
北芝　そうなんです。精神性がすごく込められているんですが、実は、女子高生が書く丸文字も若いホルモンが書かせているんですよね。
山口　昔、『少女民俗学』（大塚英志著、光文社）という本があって、大学時代に読んで感銘を受けたんですが、かわいらしい変体少女文字はその「かわいい文化」の象徴としてすごく評価されましたよね。
北芝　彼女らはそういう文化を通じて通過儀礼のシャワーを浴びてきているわけですよ。だから、あんなふうな丸文字だとか、メールで絵文字を使わないと仲間外れにされるとか、当たり前なんですよね。
山口　酒鬼薔薇の顔写真と2014年7月にあった佐世保女子高生殺害事件の犯人の女の子の顔写真を見ると、まるで兄と妹のように目なんか似ているんですよ。
北芝　似ていますね。精神傾向は表情も一緒にしてしまうんでしょうね。
　表情が乏しくなるし、漫画家の倉田真由美さんに言わせると、目は精神の発露だということらしい。確かにそうかもしれないと思いますね。
山口　よく人相学で左目を見るとその人の本質がわかるって言うじゃないですか。だから、笑っていても、左目は笑っていないとか……。

北芝　左目を見てしまうと脳に刺さってしまうから、あえて左目を見ないようにする方がいいとされていますね。

女の人と名刺交換するときに、向かって左の目、つまり右目を見るのがいいですよ。そうすると、相手は警戒しないから。左目を見てしまうと「ウッ」となるから、見ないんですよ。

山口　女性はわかるんですか。

北芝　わかるんです。女性は脳の構造は男と一緒だけど、機能は少しだけ違う。僕らはエストロゲン（女性ホルモン）ではなくて、テストステロン（男性ホルモン）だから、動きが違うんですよ。

僕らは攻撃だとか、支配だとか、そういったところではイケイケ・オラオラのホルモンだけど、向こうはじっくりと受け取って、分析して、いい子孫としての子種をくれるのか、一生食わせてくれるのかとか、得か損かをパッと判断しますからね。

山口　メスの本能ですね。男は友情とか義理で動いたりしますけど……。

北芝　あと信頼とかね。男は金借りてきてまでこいつを助けるとかやるけど、女はなかなかやらないもん。

山口　ハハハ。

模倣犯は衝動だけはあるので、見聞きした犯罪から刺激を受けて実行する

山口　僕がぞっとしたのは、確か酒鬼薔薇は左手を切断して首を斬っていて、佐世保の女の子も首を斬って左手を切断している、宮崎勤も幼児の左手首を切断して食べて首を切っていたんです。

どうして快楽殺人鬼たちは同じような表情をし、同じような文字を書き、同じような殺し方をするのか、僕はすごく気持ちが悪い。たとえば女の子が、一人が生理になると全員生理になるとか、乱暴な人と一緒にいると乱暴になってしまうとか、霊感が強い人と一緒にいると霊感が強くなってしまうとか、人間の意識って伝播《でんぱ》すると言われているじゃないですか。

酒鬼薔薇の犯行は、その後の凶悪犯たちに注目されて、２００８年の秋葉原通り魔事件の犯人にも影響を与えたと言われている。酒鬼薔薇の事件があった頃にインプットされた人たちが10年後、20年後に事件を起こすように、悪い犯罪意識というのは伝播する場合があるのかなと思えてしまうんです。

北芝　殺し方にしても、情報が入りますよね。同じ精神傾向の人って、同じような方法で自分もやろうって、そのとき思い込むかもしれない。実例があるということで、類似パターンを実

行に移すんだと思うんですよ。
　僕が交番勤めのときに初めて恐喝犯を逮捕したときに、アメリカの刑事ドラマをいっぱい見ているから、後ろから手錠を掛けちゃった。そうしたら、怒られたなんてもんじゃない。
　犯人であっても人道的に扱わないといけないと教わったんですね。記者も待っているから、本署に入る前に手錠を外して前手錠に直しましたよ。
山口　テレビで見ていたら、無意識でやっちゃいそうですよね。
北芝　僕らは世代的に、頭の中にはアメリカの刑事ドラマしかないですからね（笑）。
山口　でも、前手錠は危ないですよね。
北芝　危ないなんてもんじゃないですよ。蹴られてしまうし、拳がダブルでくる。
　日本は今でも前手錠でしょ。なんでだろうと思いますよ。現場情報をほとんど持たないエリートたちが保身とやらのために決めるからなんでしょうね。
　チャイナ・マフィアを捕まえたとき、犯人が「前手錠ですか」と驚いていたぐらいですよ。
山口　中国も後ろ手錠ですか。
北芝　他の国でもあるといえばあるんですけど、前手錠にしなさいという不文律《ふぶんりつ》は日本でだけ流布されている。
山口　また変な人権派弁護士とかが騒ぐとか？

「コピーキャット」は1995年に製作されたアメリカのスリラー映画。タイトル通り、模倣犯を題材にした作品である。

北芝　そういうのが来るんですよ。もっとひどいと、そいつの親父が地主だとか旧家だったりすると、都議会議員とか絡んできちゃって、秘書が来てねじ込んできたりするんですよ。

山口　面倒くさそうですね（笑）。

北芝　まだヤクザが来た方がいいよって思いますよ。

山口　「コピーキャット」（1995年）という映画がありましたが、他の人がやった犯罪を真似てやってしまう人、つまり模倣犯の心境というのは、何なんですかね。

北芝　結局、自分の中に行動モデルがないけれど、やりたいという衝動だけはあって、見聞きした犯罪から刺激を受けてそれをやるんですよ。

山口　それで、ニュースで見た通りに犯罪をやってしまう？

北芝　というか、伝わってくるものがあるんだと思います。たとえばゲイだったら、脈々と伝わる水面下の情報があるじゃないですか。あれと一緒ですよ。

だから、佐世保の事件の女の子も、酒鬼薔薇の行動は絶対知っているはず。

山口　同好の士というか、快楽殺人同士の感覚としてわかるということですか。

北芝　そうですね。僕ら警察も、快楽というか趣味を共有しているという意味ではこんなことがありました。

警察が休日に何をやるかなんですが、寮に住んでいたとき、1日2食支給されて、いっぱい食うんですね。食えたんだけど、余分な金はない。でも、遊びには行きたい。

レクリエーションでどこに行くかと言えば、秩父に行っていたんですよ。当時、車で行くアベックを襲う強盗グループがいたんです。運転席の男に出るように言って、男は殴られるわ、金を取られるわ、ボコボコにされて、助手席の女は輪姦されるといった事件が連続してあった。

寮の先輩が今日はレクリエーションに行くからと誘ってきて、僕はいいですよと答えた。少し金がかかって、動きやすい格好して、池袋から特急乗っていくんだという話だったけど、それでもハイキングだと思っていたから、いいですねとかのんきに言っていた。

行ってみたら、そのヤンキーの犯人どもをボコボコにするのがレクリエーションだったんですよ。結局、金がないから、暴力を伴う遊びだったんですね。「法」なんか遠く及ばないコントロールされた「実質正義」の部分だったわけです。

山口 遊びが実益を兼ねていたんですね（笑）。

切りつけると大量の血が出るが、刺して抜くと返り血を浴びない

山口 近しい人が現場にいたので、最近気になっているんですが、２００８年に秋葉原で無差別に7人を殺し、10人を負傷させた秋葉原通り魔事件がありましたね。発砲音を聞いたという話があって、「発砲したぞ」という声を聞いて、みんな逃げたというんです。

事件を調べていくと、犯人が3分ぐらいで17人を切りつけている。果たして逃げる人間を17人も3分で切れるのかというのと、写真で見ると、これぐらいの刃先なんですけど、被害者の一人が肺を貫通して死んでいるんですね。

あと、返り血をほとんど浴びていないんですよ。

北芝 あれ、返り血はほとんど浴びていないです。

山口　そんなこと、ありえるんですか。

北芝　刺せばありえますね。切りつけると動脈切断でバシャっと血が出るんですよ。刺せば血はそんなに出ないんです。

刺してから抜いたら、動脈切断が体内であっても、４秒ぐらいでバンと倒れる。血はあとから出てくるんですが、パッと距離を置いちゃえば、返り血を浴びなくて済みます。

山口　切りつけたんではなくて、刺しまくったということ……。

北芝　３秒ぐらいあったら、ガンガンいけますよ。走って、ブスッ、ブスッ、ブスって。１秒って実はすごく長いんですよ。

１秒の長さって警察学校で最初に仕込まれるんです。警笛を１秒鳴らせって言われると、素人は普通短いと思うんですよ。

山口　思いますよね。

北芝　大学生から警察学校に入ったばかりだったから、「ピッ！」と鳴らしたやつは、「バシーン！」とビンタですよ。「一秒はもっと長い！」って言われて。

それで、次のやつがビンタ受けたくないから、「ピーーーッ！」って長く鳴らしたら、ぴったり１秒だったんです。「こんなに長いんですか」と思うぐらい、１秒って長いんですよ。

山口　そういうもんですか。

北芝　１秒で５発パンチを打てるんですよ。「ババババ、バン、バーン」って。ということは、３分間に15人ぐらい刺せるんですよ。

山口　おまわりが発砲したんじゃないかという説があるんですが……。

北芝　発砲してないですよ。発砲していたら、１発撃っただけでも絶対記録に残るんですよ。

山口　ということは、何か変な音がして、それを発砲音と勘違いしている可能性はある？

北芝　車の音じゃないかなと思いますね。

山口　何かにぶつかった音とか？

北芝　ええ、「パカーン」とかですね。とにかく1回発砲したら、記録が全部残るんですよ。

空に警告で「バーン」と撃っただけでも、書類をいっぱい書かなければいけないんで、全部記録は残りますよ。

今はコンピューターに情報が入ってしまうんで、検索できるんですよ。だからね、発砲音というのは、自動車の音だと思いますよ。

山口　通り魔事件って、彼らは何がきっかけで凶行に走るんですか。

北芝　秋葉原の場合はネットで神になろうとしたんじゃないですか。俺はこういうことをやるぞっと言ったら、できるわけがないと否定されて煽《あお》られて、犯人は友達もいなかったし、女もいなかった。ネットだけが自分のマインドの世界なわけですよ。

そこで、やれるもんならやってみろと言われて、じゃあやってやるよって思って、やっちゃった。

山口　それぐらいの動機であんなことができるものなんですかね。

北芝　車でひき殺して、あと刃物で刺しまくったわけでしょ。それぐらいはできるんでしょうね。普通はやらないですけどね。

山口　「吉原百人斬り」というのがあって、あれも芸子《げいこ》に狂って、お金をつぎ込んで破産した男が最後に吉原で大量殺人やるんですけど、なんか、ダメなやつって、時代が変わってもダメなんだなって思ってしまいますね。

江戸時代の享保年間に起きたとされる「吉原百人斬り」事件は「籠釣瓶《かごつるべ》花街《さと》酔醒《のえいざめ》」という歌舞伎の演目になり、「花の吉原百人斬り」という映画もつくられた。写真は同映画のポスター

日本航空123便撃墜疑惑を北芝氏が分析する

山口　1985年に御巣鷹山《おすたかやま》に墜落した日本航空123便の事故には様々な疑惑がささやかれていますが、あれはどうなんでしょう？

北芝　間違ってミサイルを発射して飛行機が撃ち落とされたという説があるんですが、可能性としてはありえますね。

山口　やったのは自衛隊ですか、それとも米軍ですか。

北芝　やったとしたら米軍なんだろうと言われているけど、米軍とも自衛隊とも言えない第3の要素があるので、どっちとも言えないんです。

山口　今、二つの説がささやかれているんです。一つは自衛隊がオレンジ色の標的機を飛ばして、それを撃ったら大きく外れて尾翼にぶつかったのが原因だとする説で、僕はJALの搭乗員グループで生き残ったAさんという女性から直接聞いた話です。

第2の説は、ベンジャミン・フルフォードさんと飛鳥昭雄さんが言っている説で、プラザ合意に日本が同意しようとしなかったので、脅かす意味で米軍が撃ち落としたというもので、今、この二つ有力な説があるんですよ。

北芝　後者はないでしょうね。前者は、米軍か自衛隊の演習かなんかだというんですが、あのぐらいの飛行機を撃ち落とすことは簡単で、どこの国でもできますよ。あの頃、東ヨーロッパでもできましたよ。

今年（２０１４年）７月にマレーシア航空機がウクライナ上空で撃墜されましたよね。あれを見ても航空機を撃ち落とすぐらい簡単なことはわかると思います。

１２３便の事故では結局、ロッキード社の整備の不備であったとされたんですけどね。アメリカが関わっていたらあんなことはやらないですよ。ロッキードは国策企業ですからね。

ロッキード社の金で上院議員がいっぱい活動できているんですから、ロッキード社を追い込むようなことはやらないですよ。

グラマンもやらないし、アメリカの航空会社はみんなやらないですよ。となると、残るのは自衛隊説ですけども、防衛大学校を出た幹部の航空自衛隊のやつが、事件の直後に「不思議だ、不思議だ」と言っていたんですね。

今でも不思議だと言っているんだけど、元航空幕僚長の田母神《たもがみ》俊雄さんも自衛隊説は否定しているんですよ。

山口　あっ、そうですか。

北芝　僕、直後に御巣鷹山に入った自衛隊員と会っているんです。自衛隊が何らかの形で関係しているのかと聞いたら、「それは考えられませんね」って答えた。
ただ、一番ひどいのは、応急処置をさせなかった当時の担当官庁のやつだと言っていましたよ。実は、自衛隊で最初に入った先発部隊がみんなが生きていたのを見たらしいんです。そのときは多くの人が生きていた。

山口　あのとき、生き残った女の子がいるじゃないですか。あの子の証言として、自分以外にもお母さんと男の子が生きていて会話していたし、他にも苦しそうな声が上がっていたという。
多くの人が生きていて、夜中に人が来た。何かを捜してゴソゴソやって、まったく助けずに帰っていったと証言していたと聞いています。

北芝　その通りですね。

山口　最初に来た人たちは何もせずに帰ってしまったから、次第にみんなの声が途絶えていったというんです。かなり時間が経ってからようやく助けに来たけど、そのときにはもうほとんどが息絶えていた。

北芝　たくさんの人が生きていたのは、もしかしたらシートベルトをしていた人が胴を破られて、腸が出た状態だったのかもしれない。そんな状態でも声は出るんですよ。

腸が活動しているし、心臓にも脳にも損傷がないんで、助けてくれと言えるので、それを聞いたのかもしれません。

ＪＡＬのスチュワーデスで無傷で生き残っている人も聞いているはずなんですが、当時のＪＡＬに口封じされているようですね。まあ、給料をもらっている組織の人間ですから、しょうがないですけども。

あの山に入ろうと思えば、自衛隊はすぐにバーンと入れたんですよ。だって、軍ですからね。

僕ら公安でも即座に入れますよ。簡単なことで、夜中だから入れないということはないですよ。

自衛隊が行って証拠隠滅をしたという記録はないので自衛隊犯行説の可能性はない

北芝　米軍があのとき、助けようかと言ったんですよね。それを、日本政府のどこかがいらないと断った。

山口　アメリカに退役軍人の新聞で『スターズ＆ストライプス』というのがあるんですが、事故から30分後に米軍が到着していて、助けようとしたら、ストップがかかって、引き返したという話なんですよね。

あそこで助けていたら、百人近くが助かっていましたよね。

北芝　相当助かってましたよ。

山口　第一陣が行ったとき、何もしないで戻ってきたというのは、何のためだったんですか。証拠隠滅のためにオレンジ色の的《まと》を回収したのではないかとも言われていますよね。

北芝　そう言われていますけど、自衛隊員じゃないですよ。自衛隊員の中でも、航空自衛隊の調査隊がつぶさに調べているけど、自衛隊員が行って証拠隠滅をしたという活動記録は全然ないんですね。調査隊って、実は自分たちにも厳しい実質的な情報組織で、機能はＣＩＡなんですけどね。

山口　そうなんですか。

北芝　陸上と海上と航空自衛隊がありますね。僕は以前、調査隊の講師をやっていて、全国に行って、彼らに情報収集の技術指導もしているんです。

東京に「小平学校」ってあるじゃないですか。諜報活動を訓練した陸軍中野学校の後身ですよ。

今、池田整治さんという人が船井総研のセミナーで、ベンジャミン・フルフォードさんと組

「陸上自衛隊小平学校」は東京小平市にある小平駐屯地の中にある。人事・システム・情報・語学・警務・会計等の教育を実施している。

んで、あちこちで話していますけど、彼は現役の頃、小平学校の幹部もしていて、その前は愛知県の豊川の49連隊の連隊長だった。

山口 へえ。

北芝 防衛大学校では空手部だった。現役の頃から、僕は空手人脈で彼とは仲良しなんですよ。うちの道場にもしばらく教えに来ていたんです。超優秀な頭脳の持ち主で、格闘技も一流です。

池田整治さんは自衛隊の出身だから自衛隊説を言わないんですが、米軍説に関しても疑わしいということなんですよ。だって、もし米軍がやっていたら、力関係を考えても、日本政府を押しのけてでも自分で行って救出していますよ。ヤバいですから。

山口 では、自衛隊が自分でミスした可能性が高いんですかね。

北芝 それはまったくわからないですね。航空自衛隊の記録にも自衛隊員が関与した記録がないんです。

山口 静岡沖で演習をやっていた艦隊が誤射したという説もあるんですが……。

北芝 それが本当なら、海上自衛隊の関係ということになりますね。

今、海上自衛隊の情報本部の幹部で、うちの道場に来ているやつがいるんですよ。そいつもね、その話になると、内部で全然情報が出てこなくて、わからないと言っています。この話って、あちこちでずっと話されているようなんですけどね。

山口　そうですね。みんなおかしいと思っている。

外国のスパイや暴力団が撃墜することも可能だった

山口　先ほど言ったＪＡＬの搭乗員だったＡさんから聞いた話によると、窓側の人が機外にオレンジ色の飛行物体が飛んでいるので、あの飛行体は何だろうと思って使い捨てカメラで写真を撮ったんですね。その人は死んじゃうんですけど、その使い捨てカメラが二十数年間群馬県で保管されていて、それが返ってきて、見たらやっぱりオレンジ色の物体が飛んでいるのが写っていた。

僕はそれをいただいて、ネットニュースで流したんですけど、オレンジ色の物体が並行飛行していたのは事実なんです。そのあと、それが標的機として撃ち落とされて接触したのかは別問題として、とにかく並行飛行していたんです。

北芝　第３の勢力はその演習を知っているんですよ。

山口　その第３の勢力とは何ですか。

北芝　はっきり言ってしまえば、北朝鮮とか中国大陸です。たとえば阪神淡路大震災のときに発覚したことですが、神戸の長田区の地下でおびただしい数の自動小銃が発見されているんですよ。

それを必要とする人は、簡単に言えば、日本人以外の半島や大陸の人たち。ということは、飛行機を撃ち落とすことができるような武器をトラックで日本のどこにでも持ち運ぶことができるってことですよ。

山口　では、ロケット弾クラスを持っている人がいるということ？

北芝　持っています。ＲＰＧ（注　ロシアの対戦車擲弾《てきだん》）なんかバンバン持っていますよ。

山口　そんなに武装しているんですか。

北芝　暴力団のＩ会だってＲＰＧを持っていますよ。今、Ｉ会のトップはアジアに広範な人脈を持っていますからね。

山口　北朝鮮から売ってもらったりするんですか。

北芝　密輸でいくらでも入るんですよ。たとえば軍事企業のアマデオ・ロッシの製品なんてブラジル製だから南米マフィアから買っていますし、手投げ弾も持っていますよ。

九州の暴力団のＫ会なんていくらでも持っていますよ。自動小銃からウージー（注　イスラエルのＩＭＩ社［現ＩＷＩ社］製の短機関銃）まで、全部持っていますよ。

山口　そういう犯罪組織とかヤクザが飛行機を撃ち落とすことも可能だということですね。

北芝　お金をもらえばね。それに、北朝鮮の工作員と日本の暴力団は一脈通じているんですよ。親戚関係のやつも多いし。

たとえば、ある関西組織のナンバー２とナンバー３はどちらも在日で、トップを除いて多くが在日系ですから。

山口　北朝鮮の工作にしろヤクザにしろ、もしやったとしたら、誰かから依頼があって飛行機を狙ったということですか。

北芝　飛行機を狙うのは簡単で、演習の日程は全部わかるんですよ。そのときに混乱させようと思えば、撃ち落とすことは簡単にできるんです。

山口　自衛隊のせいだと見せかけて撃ち落とすこともできるんですね。

北芝　できます。航空自衛隊も陸上自衛隊も海上自衛隊も、僕は外部講師ですからね。しょっちゅう会っている。

半年前に小平学校にも講師で行っているんですよ。だから、機密の中枢《ちゅうすう》にいるような立場とも言えるでしょう。情報収集の技術を指導していたわけですから。

そうなると、僕の耳に入ってもいいのに、あの事件だけは入ってこない。不思議ですね。

それと昔、秘匿《ひとく》部隊で陸幕２部別室というのがあったんですよ。それがマスメディアにしばしば登場する警視庁の公安部のサクラ、チヨダ、ゼロ（公安警察で協力者運営などの情報収集［作業と呼ぶ］の統括を担当する係）と同じぐらいの秘匿部隊なんですが、それも全然関与していない。そうすると、もう1個どこかに別の勢力があるだろうということになる。

小平学校に行ったとき、前出の池田整治氏は一佐で人事教育部長だった。機密を全部見ることができて、これから送り出すミリタリー・インテリジェンス・エージェント部隊の評価を全部やっていたんですね。そのときにもJALの件は全然出てこない。

陸上自衛隊富士学校に講話をしに行って、そこの校長とも話したけど、全然わからない。「なんなんだこれは？」って感じですよ。

あれが工作だったとして、自衛隊と米軍に罪を着せれば、当時誰が喜んだかと言えば、金《キム》正日《ジョンイル》は喜んだと思いますね。

山口　北朝鮮の可能性があるということですか。

北芝　可能性はあります。

山口　北朝鮮でピンと来たのは、現場に最初に入った一団の話もあるんですよ。

司法解剖の現場でおかしいと言われたのが、夫婦が抱き合って黒焦げになっている死体があったんですね。それは当時は美談として週刊誌で取り上げられたんですが、飛行機が墜落したら、いくら強く抱き合っていたとしても、離れるはずなんだという。

飛行機が墜落した瞬間の炎は気化《きか》しやすくて、あっという間になくなってしまうんで、墜落した勢いで黒焦げになったとしたら、離れた状態で焼けていないと説明できない。にもかかわらず、抱き合って黒焦げになっていたということは、墜落して、抱き合っているところを誰かに焼かれないと黒焦げにはならないというんですね。

北芝　なるほど。北朝鮮の秘密部隊は日本に大体1万人ぐらいはいますからね。

山口　そんなにいるんですか。

北芝　工作員は少なくとも1000人は入っていたことになっているんです。彼らは一人当たり10人、在日の協力者を作るんですよ。それ全部「土台人《どたいじん》」といって、朝鮮半島に親族がいるんです。

それで、お前が言うことを聞かなかったら、半島の親族を殺してしまうぞと脅して工作させられるんですよ。それで、資金源はパチンコだとか焼肉だとか風俗だとか、いろいろありますよ。

それで、お金を出さざるを得なくて、金正日がバリバリにやっていた当時、新しい対日組織ができたんです。金日成軍事総合大学とは別に江西学院というのが対日工作組織なんです。

その連中の実態はCIAもあまり把握していない。僕ら公安外事は大体わかった。そりゃあ、そいつらも金丸信に献金していたという情報が寄せられたこともあった。

山口　それで北朝鮮からもらった無印の金塊《きんかい》が金丸の手にあったんですね。

北芝　それで、金丸が鳴り物入りで訪朝するというときにお土産を持たせなければいかんとかいろいろあったんですね。金丸は当時自民党の副総理だったから、何かおいしい話を持っていったわけですよ。

だけど、金丸訪朝前夜に公安外事の捜査を全部ストップさせられたんですよ。

山口　なぜなんですか。

北芝　要するに、金丸が日本人として、政府の大幹部として行くのに、おびただしい数のコリアン工作員の逮捕者を出してみろ。そんなことになって困るのは日本政府だろうということで、捜査がストップになってしまった。

上の方ではそのようには言わないですよ。だけど、あの捜査の中止指令が上から出なかったら、北朝鮮による拉致事件もなかったかもしれません。

この件に関しては、あとで説明しますね。

北芝氏は「北朝鮮か中国のしわざではないか」と分析する

北芝　選択肢を消していくと、米軍はない、航空自衛隊はない、海上自衛隊はない……となって、残るのは北朝鮮か中国かどちらかとなる。工作員は日本を混乱させて、米軍の評判を落とすか、日本政府や自衛隊の評価を落とすということが目的だったと思うんですよ。

僕もこれだけ調べても、どこからも情報が出てこないというのは不思議なんですけどね。

山口　あの事件はもう30年も前の話ですが、地上から高精度で撃ち落とせる兵器は日本国内でも出回っていたんですか。

北芝　お金さえあれば、簡単ですよ。中東戦争の頃だって、イスラエルはあらゆる武器を持っていて、アラブの国々はこてんこてんにやられましたよ。

あの当時、買おうと思えば、中国でも北朝鮮でも、中東から買えますよ。トラックで簡単に運べるし、撃ち落とすのは難しいことじゃないです。

山口　確かに、北朝鮮は飛行機を撃ち落とす手口は好きですよね。

北芝　以前のソ連もそうです。

１９８３年の樺太《からふと》の海馬島（サハリン州モネロン島）上空での大韓航空機撃墜事件ですね。

1983年9月1日、大韓航空のボーイング747がソビエト連邦の領空を侵犯したため、ソ連防空軍の戦闘機により撃墜された（大韓航空機撃墜事件）。乗員・乗客合わせて269人全員が死亡した。写真はミサイルを発射したSu-15機

あれはソ連軍がやったんだけども、簡単な話ですよ。ボタンを押したらヒュンと行って、爆発して落っこちてしまうわけですから。

山口　JAL123便で生き残った人たちは尾根じゃなくて谷に落ちていた4人で、尾根の周辺にいた人はなぜかみんな焼け死んでいた。そのあと、早朝から自警団とか消防団が上がってきて、谷底の4人を見つけたから助かったけど、たぶん、あの人たちも尾根にいたら一緒に消

されていたんじゃないかとも思うんです。

北芝　かもしれないですね。

山口　焼き殺すという手口は日本人っぽくない気もするんですが。

北芝　火炎放射器を使えば瞬時に焼き殺せますね。

たとえば、今この部屋の中に6人いるでしょ（対談時、編集者やライターやカメラマンなど6人いた）。で、バンとドアから入ってきて、火炎放射器を右、左とやっただけで、僕らは死ぬんですよ。瞬時なんですよ。

山口　あっという間ですね。

北芝　ベトナム戦争でもそうだけど、即焼き殺してしまいますよね。嫌になってしまうぐらい速い。

火炎放射器は使ったことないですが、僕はあらゆる機関銃と拳銃を撃ったんですね。パキスタンとアフガニスタンの境に村があって、大学生のときに、金払うから全部試し撃ちさせてくれと頼んで。

模造品を作っている村なんですよ。東ヨーロッパのチェコ製の拳銃とか、全部あるんですよ。本物を撃って、コピー銃も撃った。

安いですよ。35ドルぐらいだった。

山口　安いですね。

北芝　模造品も本物と違いがわからないぐらいで、山に行って缶カラを撃ちました。

金丸訪朝がなければ北朝鮮の拉致事件はなかった？

山口　先ほど、金丸さんが北朝鮮に行くときに、捜査ストップがかかって、そのせいで北朝鮮による拉致事件も起こったとおっしゃっていましたが、どういうことですか。

北芝　結果的に100人以上というおびただしい数の拉致被害者が出たわけですね。もちろん捜査は進んでいたんです。

金丸訪朝の前夜に捜査がストップしなければ、一網打尽のようなことを繰り返して、その後の北朝鮮による拉致事件も起こらなかっただろうと言われているんです。

山口　拉致事件のネットワークを掴んでいたということですか。

北芝　全部掴んでいたんです。今でも、資金がどこから来ているかとか、わかりますよ。警視庁公安部外事二課というところが掴んでいます。

山口　なんでパクれないんですか。政治問題に発展するからですか。

北芝　簡単に言うと、朝鮮半島と関係の深いＴ教会からある政党が恩恵を受けていた時期があるからです。それに、Ｓという日本の大ボスが反共主義の政治団体を擁護して金を出していたんだけれど、それを創設したのはＴ教会の教祖なんですよ。
　教祖は北朝鮮の出身です。当時、政権与党としては、恩を仇で返すようなことはできなかったんでしょう。義理固いのは日本人の特性ですからね。

山口　北朝鮮の闇を洗い出すと、日本の未解決事件のかなりの数が明らかになる……。

北芝　その通りです。
　金正恩《キムジョンウン》という今のトップはスイスあたりのインターナショナル・スクールに入って、ボンボンで育ったから知っているかどうかわかりませんけど、金正日に今聞けるんだったら、いろいろな事件の裏を相当知っていますよ。

山口　そうでしょうね。

北芝　Ｔ教会の教祖は死んじゃったけど、その二人に聞けたら、拉致事件のことは相当わかるはずですよ。
　ところで今年（２０１４年）の７月に目黒雅叙園で食事会があって、私も参加したんですが、菅義偉官房長官、京都大学名誉教授の中西輝政さん、拉致被害者の父君（Ｙさん）、それからもう一人は意外だけど中松義郎さんが来たんです。

山口　ドクター中松さん？

北芝　ドクター中松は遅れてきたので、僕らはメシ食っていたんですよ。Yさんとも名刺交換して、中西さんはYさんに「大変でしょう」とか、声をかけていた。

そこでいろいろな話が出て、Yさんは、いろいろな人が横田めぐみさんは生きていると言うけど、どこにいるんだかわからないとおっしゃっていた。でも、僕はわかっていると言ったんですよ。

ピョンヤンの病院にいて、何号室かまでわかっていると。それで、「どういう状態なんですか」と聞かれましたが、それから先は言えなかった。だって、注射を打たれて、意識がもうろうにされているという情報も来ているから。

帰ってきても、しゃべれないようにああいう処置をしているんだろうと思う。

山口　入院はいつ頃からなんですか。

北芝　めぐみさんがキム・ヘギョンさんを産んでからあとのことですが、日本が拉致問題を調べ始めましたよね。それで、閉じ込めるためにも薬漬けにしてしまったのであろうと捜査側は推断している。

山口　気の毒な話ですね。

北芝　ひどい話ですよ。結局、娘のヘギョンさんと横田夫妻はモンゴルで会ったじゃないですか。でも、それはそれで別の話ですよ。

孫娘と会いたいわけではなくて、娘と会いたいわけですからね。

山口　それはそうですよね。

北芝　菅官房長官はとても誠実な人で、申し訳なさそうな顔をしてましたけど、彼がどこまでできるんだろうという気持ちは捜査側も持っている。

でも善良な熱血漢で大学空手部の出身だから根性も強い。期待はしていますよ。

オウム真理教と北朝鮮が計画していた戦慄の日本乗っ取り案

山口　北朝鮮が有事のときに指示を出して、工作員が都内であちこち銃を乱射したり、そういう内乱を起こすという話がありますが、あれはまんざら嘘じゃないんですかね。
北芝　オウム真理教に指令が行ってて、麻原彰晃はＯＫを出してましたよ。サティアンに全部隠していましたが、溶接して、自動小銃を造って置いてあったんですよ。
山口　オウムは北朝鮮とつながっていたということですね？
北芝　はい。

山口　林郁夫《いくお》ラインでつながっていた？

北芝　林郁夫ラインだけではなくて、早川紀代秀《きよひで》ラインもあった。ロシアに入って、軍事演習をそこでやっていて、即、北朝鮮に行って、いろいろやっていたんです。

それで、成功したらですけど、北朝鮮軍がどこから入ってくるかまで全部決まっていた。ドクターの林とか使って、サリンを東京の上空に撒いて、殺すのは国会議員500人ぐらい。

それから警視庁の人間を全部殺す。さらに市ヶ谷の自衛隊を全部殺す。そうすると、都内で彼らとドンパチやる勢力がほとんどなくなるんですよ。

山口　ああ。

北芝　そうしたら、東北の方からと、小松の方からと、約5万人の自衛隊が即座に駆けつけてくる。その間に、**サリンで首都を制圧したら、北朝鮮から一番近い秋田県の能代《のしろ》から北朝鮮軍が入ってきて、ヘリコプターやらでビューンと来て、首都を制圧して、東京の中でドンパチやる計画があったんですよ。**

結局はオウムがやられたんで頓挫《とんざ》してしまうわけですけどね。

山口　オウムはわりと早い時期から北朝鮮と接触していて、共同してクーデターを起こすことを前提として組織を大きくしていったんですか。

北芝　その通りです。

山口　幹部の中に在日の人はいるんですかね。
北芝　麻原自身がそうだという情報がある。
山口　そうなんですか。被差別部落出身という説と在日という説と二つあった。
北芝　父方が在日の血を引いているという情報があるんです。

村井秀夫がつぶやいた「ユダ」とは誰だったか

山口　あと、S学会とオウムって国際展開のときにいつも同じビルに入っていたんですよね。何か協力関係があったということですか。
北芝　最初は、オウムがすり寄ったんだけど、S学会の方が途中で不審に思って関係離脱をしたと言われているんですよ。
そのとき、オウムはすごい金を持っていたんですね。シャブを作って売ったから。
それで、当時Y組の一部だったH組とつるんでいるんですよ。
山口　オウムはシャブのメーカーとしてH組に卸していたんですか。
北芝　H組の協力を得て、シャブを市場に流すという、中継ぎをしてもらったことが一時あるんですよ。それに、Ｈ組の若い衆を使って、オウムが自分のところの幹部を殺させているんです。

村井秀夫という幹部がいましたよね。あいつ、しゃべりすぎて、外国人記者クラブで資産2000億とか言ってしまった。それで、麻原側からの指令で口封じに殺そうということになった。

山口　犯人捕まりましたもんね。

北芝　どうも怪しいのが幹部の一人だった男です。青山本部にいた彼が通用口の鍵をかけてしまって、村井がそこから入ろうとしても入れない。そこで、別の方に行ったところ、アタッシュケースの中に刃物持っていたのが待ち構えていて、グサーッと刺して殺してしまったから。

それが犯人のＴですね。そいつは服役を終えて、今、シャバに出てきています。

山口　それはＨ組の準構成員だとか。

北芝　Ｈ組の組員です。彼はＨ組で、性風俗の女たちを送り出すディスパッチャーという商売をやらされていた。

山口　村井は刺されて死ぬ間際、「ユダにやられた」とかつぶやいたと言われていますね。あれは刺された本人の勘違いなんですかね。

北芝　それは、ユダ、つまり裏切り者にやられたということで、ユダは誰なんだろうということになるんです。僕は鍵をかけた幹部の男じゃないかと思っています。

山口　最近、アレフもひかりの輪もケロヨンクラブも、みんな信者を増やしていますよね。

北芝　増えていますね。一番疑いの濃いＪは嘘をつきまくっていると捜査関係者は言っている。

正大師のときに麻原に問いただしたことがあると言っていたけど、側近中の側近で、あの身分関係では問いただせないだろうと思う。

仮谷清志さん拉致事件やサリン事件のときに、あの師弟関係で、麻原が怒るようなことは言えませんよ。嘘をついていると捜査側の誰もが言う。

最近Ｊの肉声を聞いたんですが、「麻原はな」とか呼び捨てにしていて、なかなかの変ぼうぶりですね。

山口　麻原のことは見限っている？

北芝　見限っているでしょうね。彼は自分がのし上がるためにオウムを利用したんでしょうね。

金と権力と女のためだったんじゃないか、とはどのメディア側も捜査側も言う。

山口　麻原は本当に日本でクーデターが成功すると思っていたんですかね。

北芝　半分以上、思っていたんでしょう。

山口　もうちょっと頭がいいやつだと思っていたんですが。

北芝　本来、詐欺師ですからね。

山口　そうですね。頭がいいから詐欺師ができたんですね。

北芝　あそこまでいくと、妄想も本当になるかもしれないと思ったんでしょう。超一流大学の連中が信者になったので、あのとき、思い上がったんでしょうね。

自動小銃を造ったし、サリンも手に入れたし、シャブも作って売って儲かったということなんでしょう。

山口　もうちょっと我慢できなかったんですかね。僕が麻原だったら、あと20年ぐらい待ってもっと力を持ってから……と思いますけどね。

北芝　ホントですよ。国会議員を増やしてね。

セロトニン（神経伝達物質の一つで、日光を浴びると分泌するとされる）が分泌不足で、こらえ性がなかったのかな。

北芝氏が某宗教団体の警備体制を作った

北芝　だって、幸福の科学だって、やっと一人議員が出たじゃないですか。（2014年の）7月に地方議員一人出ましたね。富山県小矢部市で候補者数が定数と同じだったから、無投票当選でしたけどね。

山口　大川隆法さんは高校の10期先輩なんですよ。地元では有名な一族です。だから、彼もビジネスやるのかと思ったら宗教家になった。

北芝　地元で有名な中川隆さんですよね。

山口　ええ、中川先輩は僕にUFOの原稿を書かせてくれるんですよ。僕は幸福の科学の会員ではないから、記事は真言宗宗徒として書いていますけどね。

北芝　彼の安全を守る、いわば大川隆法警護部隊の青写真は全部僕が作ったんですよ。

山口　ホントですか。一時期、S学会に狙われているとかなんとか言ってましたけど。

北芝　そのときです。東大出の現役官僚で、当時は運輸省の航空第2課長の地位にあった男が人を介して僕にコンタクトしてきて、ちょっと会おうということでご飯を食べたんですよ。彼の家まで行って、大川隆法氏の説法テープを聞かされた。「いい声でしょ？」なんて言われて、「まあね」なんて答えていた。それで、セキュリティーのことでミーティングを持ちたいということで、ファミレスに行った。

実はどこそこで恨みを買ってしまって大川先生が命を狙われているということで、セキュリティーの組織を作らないといけないいんだけど、うちにはないいんだと言うんですね。誰がやっているのかと聞いたら、東大の少林寺拳法部を出たやつらが守っているんだけど、誰かが襲ってきたら、ビビってしまって体が動かないいんだという。

どうしたらいいのかと聞いたら、他に県警出身の東大出のやつとか、4、5人いるから、レストランでも借り切ってやってくれないかと言うんですね。それで、六本木の個室のあるレストランで、こちらも複数の者と紙を高く積み上げるほど警護部隊の配置図とか作ったんですよ。

山口　うちの新年会にはいろいろな人が来るんですが、あるとき、S学会の人と幸福の科学の人が飲んでるんですよ。「ああ、宗教の話はしないでね」なんて思いながら、心配しましたよ。

立正佼成会の人が創価学会の横に座っているとか、あの人日蓮宗のお寺の人なのに、大丈夫かなって。ひやひやしましたよ。

北芝　ハハハ、そうですよね。それで、街頭演説のときも12人チームで動くとか、襲われたときのフォーメーションとかも全部作って、しばらくは機能していた。

でも、最近はゆるいなと一目見てわかる。再構築する必要がありますね。

「警察庁長官狙撃事件の真犯人はわかっている」と北芝氏は証言する！

山口　１９９５年の警察庁長官狙撃事件で、國松孝次長官を狙撃して重傷を負わせた犯人ですが、撃ち方が北朝鮮のやり方に似ていて、北朝鮮のバッチが落ちていたと言われていますね。工作員が指導したんですかね。

北芝　あれは北朝鮮は全然関与していないんです。

山口　では、バッチが落ちていたというのはどういうことなんですか。

北芝　バッチに関しては、Nというスナイパーがそうだと言っているんですが、あいつは、東大の教養学部中退の反権力分子です。自分一人でコルト・パイソンを持って、國松氏を撃ちに行ったと言っているんです。

山口　その人がなぜ國松さんを撃つんですか。

北芝　警察が嫌いなんですよ。東京の三鷹で2発撃って、制服警官を撃ち殺しているんです。それで20年服役して、出てきてからアメリカに行って、警察を倒すぞという執念で、Tとい

コルト・パイソン（「Internet Movie Firearms Database」より）

う偽名で偽造免許証を使って、あちこちの銃砲店で銃を買った。

僕らの場合、警察学校で税金で半年訓練させられるからできるんですが、日本人の場合、射撃スクールに行かないと銃が撃てない。それで、彼の場合もロサンゼルスの射撃学校に入ったんですが、その後、コルト・パイソンを含めて、あちこちで買いまくった。

それで、Nは自分でやったと言っているんですよ。**だから、北朝鮮でもないし、オウム信者**

でもない。単なる警察嫌いの、反権力の、がちがちに固まったオヤジのしわざということになっているんですよ。

山口　逮捕されたんですか。

北芝　長官狙撃事件ではありませんが、岐阜刑務所で服役中です。

山口　オウム信者の元警察官が自分で撃ったとか言っていましたが。

北芝　Ｋね。あれは誘導尋問に引っかかって、自分がやったって言ってしまったんです。あいつは公安の後輩なんですよ。

オウム信者であり、後輩であり、当時勤めていたのが東大の横にある本富士警察署で、公安にいたんですよ。

山口　公安の人間が……。

北芝　公安の人間がオウム信者になって、あんなことを口走っただけですよ。

先ほど言ったＮはチェ・ゲバラ（注　アルゼンチン生まれの政治家・革命家で、キューバのゲリラ指導者）の信奉者で、家宅捜索をしたときにチェに関する本がいっぱい出てきて、自分もなりたかったんだってわかった。

山口　では、長官を狙撃したのは、自分がゲバラになって革命を起こしたかったから？

北芝　そうです。革命家です……まあ、革命夢想家ですね。

國松長官を撃ってからどこに行ったのかということになるんですが、自転車で（東京都荒川区の）南千住《せんじゅ》の駅の方に逃げたと言うんですよ。

この間、N社の編集部と現場に行ったんですよ。現場のアクロシティEポート通用口から國松長官が出てくる想定にして、狙撃地点から國松氏の体のあったところまで20・92メートル離れていたんですが、僕は想像で撃ってみたんですよ。

元公安のKの供述によると、右手を右足にのせて撃ったというんですが、それはできない。右利きの人間が右腕を右足のひざにのせて撃つなんて、ありえないんです。

僕は学生の頃から外国で拳銃を撃ち慣れているし、あらゆる拳銃を使って撃ってきた経験があるから言えるけど、無理ですね。

山口　他の警察官でおかしいと言った人はいなかったんですか。

北芝　言わないんですよ。日本の警察官なんて、あんな撃ち方をしたことがない。

僕はアフガンの砂漠で缶カラを撃って試したことがあるけど、右ひざじゃなくて、左ひざにのっけないと正確には、そして安定的には撃てない。それも、呼吸を止めて、脈拍落とさないと当たらないですよ。だから、Kの言っていることはおかしいんです。

山口　まったく信憑性がない証言なんですね。

北芝　だから、Kは全然関係ない。それから、スプリングエイトという検査機械で、Kが着て

この姿勢では撃てないことをアピールする北芝氏

いた私物のコートから、硝煙《しょうえん》反応ではなくて、発砲時に出る金属の微量の粉が検出されたと言うんです。

でもたとえば射撃大会の練習でもあれば、警官だからといって制服で行く必要はないし、どんな格好でもかまわないから、たとえば射撃大会で撃ったときに、私物のコートに微量の粉がついても不思議じゃないんですよ。

山口　オウムのせいにした方がいいという動きもあったんですかね。

北芝　当時はあったんですね。

公安と刑事部の派閥抗争によって真相が表に出ないことも？

山口　一人の革命家気取りのおじいさんが警察庁長官を狙撃できたということを認めたくない？

北芝　気持ちは本当によくわかるんですが、警察としては認めたくないんです。公安が出世の通り道なんで当然なんですが、公安優位なんですよ。

もう一方は刑事部でしょ。捜査一課は花形とは言え、ただのその辺の刑事《デカ》なんですよ。それで、長官狙撃事件は、国の威信に関わってしまったんですね。
だけど、刑事部が言うように犯人をNにしたら、刑事部に手柄を持っていかれてしまうんで、東大卒の警察庁の大幹部の連中としてはバツなんです。

山口　ああ、そういうことがあるんですか。

北芝　なんでかと言えば、捜査一課長に東大卒は誰もいませんから。

山口　叩き上げがいける最終ラインなんですか。

北芝　叩き上げしかいけない。キャリアがいっても、事件処理能力がない。一日で参ってしまう。

刑事部はすごいですよ。僕も実は捜査一課の外から異動・投入させられた一課外捜査員で、捜査一課の特捜本部にいたんだけど、刑事《デカ》は相当なパーセンテージが高卒ぐらいですが、彼らの体力のあること。農家や漁師の2男、3男が多いですからね。

山口　あとを継げないから……。

北芝　あとを継げないし体力があるから。それが刑事《デカ》やってて、怨念の塊《かたまり》ですよ。

山口　公安と刑事部の署内派閥の抗争によって真相が表に出てこないとすれば、馬鹿馬鹿しい話ですね。

北芝　まったく、馬鹿馬鹿しい話ですよ。実際、國松孝次警察庁長官狙撃事件は2010年に時効が成立して未解決事件となってしまったんですからね。

僕は國松さんとは面識もあるし、良好な関係なんですよ。京都で会って、本を送り合う仲なんです。

僕も知っている佐々淳行《さっさあつゆき》さん（元警察官僚の危機管理評論家）と國松さんは東大閥なんだけど、兄弟のように仲がいい。

結局、今言ったような事情も知っているじゃないですか。Kも顔を見ているし、Kの直属の上司のTちゃんは今でも遊び友達です。

山口　國松さんにはその話をしていないんですか。

北芝　できないんですよ。彼は思い出したくない。

簡単に言えば、配下の日本警察が下手人を挙げられないから、トラウマみたいになっているんでしょうね。

第2章

戦中・戦後の隠された闇に公安情報で迫る！

児玉機関が集めた財宝を軍が日本に持って帰ってきて、保守政治の資金にした

編集部　これから昭和を代表するような事件をいくつか話題にしていきたいと思います。まず、満州統治時代から笹川良一や岸信介らが関わっていて、彼らがその後の昭和の時代の国づくりから、政治や一般社会まで、どのような影響をもたらしてきたのか、お聞きしておきたいと思うんですが。

北芝　その話はしておかないといけないでしょうね。満州国もそうだけど、南満州鉄道（満鉄）自体、いろいろな意味で日本のエネルギッシュな人たちによって運営されていた。

満鉄自体が調査部を持っていたことは大きいと思います。調査をやるということは、工作もやるわけなんで、不必要なものとか障害になるものを取り除くということが行われた。それは、表の人力で排除しただけではなくて、水面下の力によって処理もしただろうと思う。

伝わっている情報はたくさんありますよね。岸信介さんは、帰ってきて力ではなく富を持った。

戦後の日本で民主政治と言いながら保守政治を打ち立てていた政治家はたくさんいるんだけど、みんな金がなかったわけですよ。では、どこから金を持ってきたかというと、「児玉機関」

（注　海軍航空本部の依頼で上海に作った店で、タングステンやラジウム、コバルト、ニッケルなどの戦略物資の調達に当たった）が提供したということですね。ですから、児玉誉士夫（注　日本の右翼運動家。ＣＩＡのエージェントであったとも言われる）の存在を抜きにしては語れないでしょうね。

山口　その児玉誉士夫はどこから金を得たのでしょう?

北芝　児玉誉士夫は、児玉機関を通じて、大陸で金銀財宝を全部集めたんです。

１９３４年（昭和９）11月、大連～新京間に満鉄最初の特急「あじあ」号が開通した。最高速度は時速１３０㎞、１９３５年（昭和10）には運転区間がハルビンまで延長された。

山口　それは阿片ビジネスだけではなくて？

北芝　もちろん、阿片も含め、全般的に関わっていますけど、金目のものは全部児玉機関で集めたんですよ。それをそのまま私物化しないで、軍もバックにつきますから、日本に持ってきて、それで保守政治の資金の礎《いしずえ》にしたんです。

だから、鳩山一郎（注　1954年～1956年に総理大臣を務めた）という秀才でも児玉誉士夫抜きでは首相になれなかったわけですよ。朝3時に起きて東大に入るために勉強したと言われていますが、それだけでは天下は取れないですよ。

東大に入るということはすごく頭のキレる集団に入ると思われがちですが、本質は受験技術に卓抜したスキルを持つ人間になるというレベルの入り口ですからね。

山口　なるほどね。

北芝　それで、長男の鳩山威一郎、その息子の鳩山由紀夫も邦夫も全員東大を出ているんだけど、東大の合否って本当に学力だけで決まって、コネはなかったのかってことも気になるんですけどね。

山口　今は財力がないと東大には入れなくて、親の年収が1000万以上は必要だと言われていますね。

北芝　塾に通うだけでなくて、教授とコネがないとダメだとか。それで、推薦制度が導入されるようになって、いよいよ東大が信用を失い始めてしまったというのはありますよ。ただ、力を持った人たちの子弟の中には、名前だけで東大に入ったと豪語しているやつもいるんですよ。

山口　本当の話なんですか。

北芝　本当かもしれません。

芸能人だって、プロダクションが私立大学の教授を接待して、教授は自分の持っている秘密の枠を使って入れるということがあるのは有名な話です。僕の母校でも同様の事例を知っていますよ。

ＣＩＡ工作員と一緒にいたら、北朝鮮のやつらに襲われた！

山口　帝銀事件（注　１９４８年［昭和23］東京都豊島区長崎の帝国銀行椎名町支店で発生した毒物殺人事件）についてお聞きしたいんですが、あの事件には７３１部隊（注　大日本帝国陸軍に存在した研究機関の一つで、生物兵器の研究・開発も行った）の毒薬が流れていたと言われていますね。また、下山事件・三鷹事件・松川事件などのいわゆる国鉄３大ミステリー事件などにＧＨＱが関わっていたとする説がありますが、何かご存じですか。

北芝　わけのわからないことはなんでもかんでもGHQのせいにされて、GHQも迷惑だろうと思いますよ（笑）。

僕にとってアメリカは、行けばたらふくメシが食えて、騒げてという楽しい新天地だったんですよ。しばらく暮らしていたヨーロッパのように陰鬱《いんうつ》な雰囲気もないし、特にカリフォルニアはおもしろかった。

アメリカに行っていたとき、「キャノン機関」（注　GHQ参謀第2部［G2］直轄《ちょっかつ》の秘密諜報機関で、機関名は当時の司令官ジャック・Y・キャノン陸軍少佐の名前から採られた）に延禎《ヨンヤン》さんという人がいて、連合国のエージェントをやっていた。彼はKGBと街中で撃ち合ったりしていたんですよ。

それで、こめかみの横を銃弾がかすって、彼の顔にはミミズが固まったような痕があって、少しずれていたら死んでいたという人なんですね。日本が焼け野原となって闇市が広がっていた頃、その人は韓国の李承晩《りしょうばん》初代大統領の直命でエージェントをやっていて、常に撃ち合いをやっていた。

その人がカリフォルニアに住んでいたんですよ。彼は『キャノン機関からの証言』（延禎著、番町書房）という本を出した人ですが、アメリカに行く前は実の母親と一緒に東京の白金《しろかね》に一軒家を構えていた。

東大卒のIさんという官僚がいたんですが、ヨン・ヤンさんという人がいるけど興味がないかと聞かれて、僕はキャノン機関はおもしろいと答えた。そうしたら、ヨン・ヤンさんのお宅に即日連れていかれたんです。

そこで、オモニ（韓国語で「母」の意）の手料理をご馳走になった。彼は連合国のエージェントで、最終的にアメリカに渡るんですよ。それで、コリアンタウンに住んだ。

そこには、韓国のヤクザたちも頭を下げにいくようなソウさんという帝王もいたんだけど、そういった人たちと焼肉屋に入るんですね。それで、1回付き合ったことがあるんですよ。

山口　へえ。

北芝　その頃に、警察に入って交番勤務の制服を終えて、私服になって盗犯とか暴力犯とか担当して、そのあとに語学研修をやって公安外事に行かされたんですけど、公安になってしばらくしたら、休暇をもらったんで、アメリカに行ってヨン・ヤンさんに会ったんですよ。

山口　会うのは2回目？

北芝　2回目どころではなくて、15回目ぐらい。

だから、いろいろなことがありましたよ。警察官になった後に、東京・五反田《ごたんだ》を一緒に歩いていたら、北朝鮮の連中にヨン・ヤンさんが襲われたんですよ。

山口　なんで襲われたんですか。

北芝　要するに、今はアメリカのＣＩＡで、その前は李承晩大統領のエージェントだったから、宿敵どころじゃないんですよ。コリアン同士でも北と南で、情報部員同士で仲が悪かった。

一緒にいた僕は公安でしょ。大変ですよ。顔から蹴られて……。

山口　いきなり襲いかかってきたんですか。

北芝　五反田のガード下でいきなり来たんですよ。こちらもやるしかない。

びっくりしたけど、ヨン・ヤンさんはすごく強い。で、北朝鮮だっていうことは、もう１秒でわかるわけ。テコンドーの蹴りの仕方が北と南ではモーションが違うんですよ。

山口　そうなんですか。

北芝　「あっ、北朝鮮だ！」って思った。

山口　蹴りだけでわかるんですか。

北芝　ええ、向こうでは「ヨプチャチルギ」って言うんですが……。

山口　流派が違うんですか。

北芝　流派どころじゃないんです。要するに、軍隊でやっている蹴りというのは、韓国軍の足技と北朝鮮軍の足技とでは、出てくるところとモーション、つまり、肢軸《しじく》や手の使い方も含めて、体の使い方が違うんですよ。

山口　へえ。

北芝　それで、「うわあ」とわかったわけですよ。顔を蹴られると思って、本能的によけましたけど、本当にパシーンって蹴られた。ものすごく強くてね。胴なんか蹴られて、痛くて息が止まってしまった。

五反田なんで、ウワーって、みんな騒いだんですよ。それで逃げていったんだけど、ひどい目に遭ってしまった。

で、何とか引き分けには持ち込みましたけど、やられましたよ。負傷しましたよ。

そのときにね、「今でもまだダメなんですね、危ない目に遭うんですね」って言ったら、「当たり前じゃないか」って。「CIAだしな」と言うから、「KCIAですか」って聞いたら、「違う」と言う。

「アメリカ本国のCIAの人間だから来るんだよ」と言うわけ。「やっぱり、北朝鮮ですよね」って聞いたら、「そうだよ、わかっただろ」って言われた。シビアだなって思った。

それから、ヒノちゃんという警部補を連れて、アメリカのロサンゼルスのコリアンタウンに行ったこともあった。そこで宴会を開いた。

「GHQとか言っているけど、迷惑な話でね、キャノン機関もGHQの一部だったんだけど

鹿地亘（1903〜1982）は大分県出身の小説家。1951年11月25日、神奈川県藤沢市内で米軍の諜報機関「キャノン機関」に拉致され、アメリカのスパイになるよう強要される事件が起きる。監禁から約1年後の1952年12月に解放され帰宅。その後、国会に証人喚問され事件について証言した。写真は『サン写真新聞』（1952年12月11日号、毎日新聞社）より

ね」とか、「キャノンというのはボンボンでね」なんて話してくれた。

「最後は引退して故郷のラファイエット（アメリカ・インディアナ州北西部の都市）に引っ越したんだけどね。おもしろいやつだったけど、見栄っ張りでね。鹿地亘《かじわたる》を拉致して連れてきた仲間だし」とも言ってた。「鹿地亘を監禁して、メシまで作って聞き出したのは俺たちだったんだよ」って。

「鹿地亘は国会に呼ばれましたよね?」って聞いたら、「そうだよ」って平気でしゃべってくれた。

左翼作家の鹿地亘事件（注　１９５１年〔昭和26〕、キャノン機関が作家の鹿地亘を長期間にわたり拉致監禁してアメリカのスパイになるように要求した事件）ってありましたよね。その内情を聞けたので、すごくおもしろかった。

山口　国会に呼ばれる前に拉致しているんですか。

北芝　拉致していた。岩崎邸に連れてきて、拷問はしないんだけど、聞き出しているんです。「おまえ、どういうところから資金が来ているんだ？」とか聞き出していた。

公安外事警察にいってから、もう仲間だって言って、さらにいっぱいしゃべってくれた。これもおもしろかった。

帝銀事件は登戸研究所と大陸浪人のグループが起こした？

山口　帝銀事件についてはどうでしょう？　役人を装った男が「近くで集団赤痢が発生して、ＧＨＱが行内を消毒する前に予防薬を飲んでくれ」と言って実行したと言われていますね。

北芝　そう聞きましたけどね。犯人とされた平沢貞通《さだみち》はあくまで大きなパズルの中の一つのピースではあったけれど、それでやったとされた。

平沢貞通（1892〜1987）は北海道小樽市出身のテンペラ画家だったが、帝銀事件の犯人として逮捕され、死刑が確定する。逮捕から39年間を獄中で過ごし、獄死した。

毒物は登戸研究所（注　神奈川県川崎市にかつて存在した大日本帝国陸軍の研究所）から来ていて、731部隊の流れからいくと、登戸研究所にしかないものだとヨン・ヤンさんは言ってましたよ（注　遺体から即効性の青酸カリとは異なる青酸化合物が検出されたことから、その扱いを熟知した、旧陸軍731部隊関係者を中心に捜査された）。

結局、帝銀事件は、多額の資金を調達しようとしていた連中のしわざだし、「あれをGHQのしわざと言われたら、本当にちゃんちゃらおかしいよ」とヨン・ヤンさんは言っていた。

山口　GHQの薬物の人体実験だったということでもないんですか。

北芝　結局、GHQは全然関係ない。登戸研究所プラス大陸浪人の中に、おかしな連中がいっぱい余っていて、その人口がすごく多かった。要するに、彼らが組んで起こした刑事犯罪らしいんですよ。

政治的な裏があるとみんな言っているけど、それを膨らませて、みんな金儲けをしているんだって。たとえば、ＧＨＱの一部だったキャノン機関から言わせたら、それに今のＣＩＡの職員から言わせたら、ＧＨＱがやらせたなんてちゃんちゃらおかしい話だと言っているわけです。

山口　では、ＧＨＱは関係なくて、日本人の民間のグループが……？

北芝　民間の登戸研究所と大陸浪人のグループのしわざだと言われているんですよ。平沢はあくまでネットワークの一部で実行はしていないので完全に冤罪なんですけど、大きなパズルの中で狙われて、金を少し持っていたがゆえにやられた。既成事実を作られて、嵌められたということです。

松川事件は左翼の犯行だったのにＧＨＱの罪にした？

編集部　北芝さんの調査では、帝銀事件から、下山事件・三鷹事件・松川事件もみな、ＧＨＱは関わっていなくて、左翼勢力のしわざだったということですね。

北芝　左翼勢力もいただろうし、組合の中の跳ね上がり分子とかもいたでしょうね。その辺は

松川事件で脱線、転覆した機関車

現場に行ってつぶさに調べ直しましたよ。

すごいのは、松川事件（注　1949年8月17日午前3時過ぎ、東北本線金谷川駅と松川駅の間のカーブ地点で青森発上野行き旅客列車12両が脱線して転覆し機関士一人、同助手二人の3人が死亡した事件。旅客数人が負傷した）の松川に行って調べたら、月夜に紛れて5、6人の屈強な男たちが現場近くにいて、すれ違った地元の男が脅かされていたことですよ。「ちょっとどこへ行くんだ」と聞かれて、「こういう者です」と答えたら、「俺たちを見たと言ったら大変だぞ。GHQは黙っていないぞ。わかっているな？」と言われたという。GHQという言葉を2回言ったというんですね。

でも、GHQの工作員が来て、「俺たちはGHQだぞ。GHQに逆らったら命がないぞ」って言いますか（笑）。

山口　ハハハ。

北芝　ソ連のスパイが「モスクワの工作員だけど、逆らったら命がないぞ」なんて言いますか。

山口　そんなスパイはいないですよね。

北芝　馬鹿でしょ？　それでね、松川事件に関わったやつが横浜に逃げていて、最後に死んでいるんですよ。それもGHQの犯行だという説もあるんですが、2ヶ月もかかっているんですよ。

いくら戦後の混乱期だと言ったって、あの当時のGHQなら2ヶ月も捜し出せないなんてことはないですよ。当時の警察だって横浜に逃げられたって、10日もあったら見つけられる。

彼は家だって借りられない状況なんだから。今セキュリティーで入れないマンションとかあるでしょう？　でもあの頃、アパートとか家だとか、下駄履きで入っていけたんです。どこかに隠れられたはず。

　２ヶ月も泳がしておいて、それで結局死んだわけじゃないですか。ＧＨＱが発見して殺したというのは馬鹿な話ですよ。

山口　ああ。

北芝　松川事件の現場に行ったら、亡くなった機関士たちの慰霊碑や観音像だけではなく、東日本旅客鉄道労働組合会長だった松崎明が立てた石碑があった。それに、全員無罪の完全勝利を勝ち取ったと記した塔があって、共産党などの団体名が刻まれていたんですよ。

　みんなＧＨＱがどうのと言っているんだけど、結局は当時の左翼の身内がやったことを糊塗《こと》しているんだろうというエビデンス（証拠）が見受けられるんです。

　結局、ＧＨＱと有名な一連の事件との関わりを言えば、帝銀事件も、下山事件も、三鷹事件も、松川事件も関係ないんですよ。

BOACスチュワーデス殺人事件の被害者は身ごもっていた？

編集部　1959年にBOAC（現ブリティッシュ・エアウェイズ）のスチュワーデスが東京都杉並区の善福寺川《ぜんぷくじ》で死体で発見された事件がありましたが、最近、北芝さんが洗い直されたとのことですが、その事件に関して教えていただけますか。

北芝　当時、日本中が及び腰で、なかなか捜査が進まなかったんですが、この事件は昭和史に残る未解決事件の一つとして有名です。松本清張が小説『黒い福音』で独自の推理を行った事件ですね。

犯人として疑われていたベルギー人のベルメルシュという神父は、巨大なカトリック教会（サレジオ会）の大幹部だったんだけど、アメリカの団体から敗戦直後の日本に提供されていた援助物資――これをララ物資と言うんですが――こいつをかすめ取っては、闇市でヤクザに売っていた。

山口　ひどい神父ですね。

北芝　もちろん一人でやったわけではなく、グループでやっていた。サレジオ会は今は善良で好ましい団体ですが、当時は世界的にものすごい力を持っていて、情報網があるし、闇もあった。

　この男は、カトリックの神父なのに精力家で、女犯《にょぼん》しちゃいけないのに、すごいことに同時に6人もの愛人を持っていたんですよ。

山口　ずいぶんとお盛んですね。

北芝　それで、このスチュワーデスをはじめとして、落合にある聖母病院の人とか、全員と関係した。相手は女性信者で共同生活していたボランティアみたいなもんですよ。

　おそらく、みんな処女だったと思いますよ。彼はそれ全部いてこましてしまった。ものすごいやつだった。

山口　へえ。

北芝　それで、原宿の竹下口からちょっと行ったところに菊富士という和風の連れ込み旅館があったんだけど、その女と駅で待ち合わせて、そこに連れ込んだのは見られていた。

　その女がスチュワーデスなんですよ。最終的に殺されていて、善福寺川に死体が浮かんで発見されて、コート、カバン、マフラーとかいろいろなものが散乱していた。

　その状況から、後ろからダッシュで追いかけてきて、首に手を巻いて、引き倒して、絞め殺しているんです。

山口　ああ。

北芝　その方法だと相当力が必要なんですが、確かに、ベルメルシュはがっちりとした大男だった。そのスチュワーデスはものすごい美人だったけど、その男がか弱い彼女をなんで殺さねばならなかったのか。

みんな言うのは、麻薬の運び屋として使われそうになって、ノーと言ったから殺されてしまったという説ですね。でも、それはありえないんですよ。スチュワーデスだったら、麻薬ぐらい誰でも運べますよ。

それも、世界で優位に立っている白人の愛人でしょ。麻薬ぐらい簡単に運べますよ。いろいろな国のスチュワーデスが日本に麻薬を持ち込んで、発覚している。僕、いっぱい捕まえましたよ。

菊屋橋（台東区）に女だけを入れる留置所があったんだけど、そこにぶち込んで、しょっちゅう調べてましたよ。金が儲かるから誰もノーとは言わないですよ。自分が打つわけでもないし……。

山口　動機は麻薬ではない？

北芝　松本清張も言わなかったし、誰も言わなかったけど、僕は妊娠していたんだと思う。

なんでかと言えば、こいつは避妊具を使わなかったからです。カトリックは使わないですよね。

山口　ああ、そうか。避妊しないですもんね。
北芝　他にやられた女の中に、密かに堕胎《だたい》したのもいたようだし、ゴム使っていないんですね。彼は、白人で優位に立っていると思っていたし……。
山口　では、堕ろす堕ろさないの痴情のもつれですか。
北芝　消去法と推理的断定ではそういうことになりますね。できたのがわかったから殺すという感じでしょう。できたのがわかったときにはもう誘拐している。
　スチュワーデスを2日間閉じ込めているんですが、胃を司法解剖して出てきた内容物をつぶさに検討したら、中華料理を食っているんですよ。でも、ずっと見ていくと、店で作った料理じゃない。それは手料理だった。
　具材の切り方とか、プロじゃない。ということは、誰か女が作るアジトみたいなところに2日間監禁されていたことになる。
　そこから車に乗せてこられて、善福寺川に追い込まれて、車を降りて逃げたら、追いつかれて、コートを掴まれたらするっと抜けた。女はコートなしでダッシュしたんだけど、後ろから襲って絞め殺したという流れが、散乱物を子細に検討するとわかってしまう。
　しかし、なんでそこまでして殺すのか。
山口　うーん。

北芝　最初から殺人を考えていたら、刃物でいいからアジトで殺せばいいじゃないですか。食事を提供したのは女なんですよ。

愛人の一人ですよ。おかしいですよ。

だから、最後まで、堕ろしてくれないかと頼んだと思うんですよ。逃げ出したから殺したんですけど、そのほかの手段がなかった。追いかけて、とっさに素手で殺した。

山口　警察は手出しできなかったんですか。

北芝　できませんでした。恫喝《どうかつ》がくるし、当時の日本政府も弱かったし、刑事部は手出しできなかった。捜査一課がテレビで持てはやされているけど、情報収集の点では公安にまったくかなわないんですね。

それでどうしたかというと、公安部の外事一課に頼んだ。

公安部自体がスパイ組織だから、密かに知られずにベルメルシュの足跡を探ったんですよ。それでいろいろなことが出てきてしまった。

２０１4年1月に、この事件を描いた松本清張の『黒い福音』が、ビートたけし主演のスペシャルドラマとして放映されて、視聴率はすごく高かった。そのドラマでは、何か外部からの圧力があって、マズイから担当刑事の一番先鋒だったやつを捜査本部から外してしまったということで終わってましたね。

松本清張はＢＯＡＣスチュワーデス殺人事件をモデルに小説『黒い福音』を著し、この作品は１９８４年と２０１４年にドラマ化された。写真は１９８４年版のＤＶＤのジャケット

山口　遺族も刑事も無念だったでしょうね。

北芝　そうでしょうね。もちろん外事一課の人たちに聞いても、妊娠していた事実は確認できなかったんだけど、それしか考えられないんですね。ララ物資とか麻薬は関係ないですよ。

山口　最終的に立件できたんですか。

北芝　できなかったんです。とうとう最後まで立件できずに、飛行機に乗って国外に出られてしまった。日本が完敗した事件だった。

山口　じゃあ、どうしようもないんですね。

北芝　今、弟の世話になって、ベルギーで生きているという情報があるんですよ。

山口　まだ生きているんですか。

北芝　ええ、まだ神父のままで生きていることになっています。すごいでしょ？　もう、弱ってしまって、いつ死ぬかわからないですけどね。

山口　今はもう１００歳近い年齢ですかね。

北芝　たぶんね。栄養はいいし、労働はしないし、好きなことやっていたから、長生きしますよ。

山口　悪いやつほど長生きしますね。しかし、ひどい話だな。

北芝　今でも東京・杉並区にすごく立派な館の教団本部があるんですよ。僕らが４人でそこへ取材に行ったら、ウワっと外国人が出てきましたよ。

山口　また来たかという感じでしょうね。

北芝　ドラマの中でビートたけしが言うんですけど、恰幅《かっぷく》のいいラテン系の白人が来て、取材陣や刑事を追い返したと。

刑事役のビートたけしが劇中で怒られてしまうシーンがあるんですが、まったく同じことが起きたはずですよ。

終戦直後、拳銃を取り上げられていた警官はレイプ犯にどう対応したか

山口　未解決事件のお話をお聞きしていると、警察組織自体にも問題があって、あまり踏み込んで捜査が行われず、真相解明が滞ってきたケースもあるようですね。警察組織が硬直している理由として、一説に、明治維新のときに旧薩摩の人とか、会津の人とか、わりとトップダウンの組織の人たちが警察を作った主要メンバーだったから、警察が下の意見を吸い上げる組織じゃなくて、トップダウンで硬直した組織になったとも言われていますね。

その辺はどうなんでしょう。

北芝　１９４５年まではそうでした。ただし、戦争に敗けてＧＨＱが入ってきたときに、そういう構造は一回死滅しました。

山口　そのとき、薩長派閥はもう消えた？

北芝　ええ、１回は死滅したんですよ。ただ、キャリア制度という形で、国家一種試験合格者という上澄みを温存して、それから今の硬直体質が始まって、結局、試験、試験という形でやっていくことになった。

そうすると、ペーパーテストに通った者が上で権力を握る上意下達（トップダウン）の組織

がでてしまう。それが外からは、組織硬直という形に見えるんでしょうね。

山口　なるほど。

北芝　技能を持っていたり、人間性がすぐれていたり、捜査の能力に長《た》けていても、通用しないんですよ。

山口　僕は「国策会社」の日本通運の本社にいたのでよくわかるんですが、日通とかＪＡＬとか官僚組織とか、ことごとく学歴優先じゃないですか。僕なんかも本社時代、20億ぐらいの売り上げを出して会社に貢献していたにもかかわらず、出身大学で出世のコースが決まっていた。

初代大警視（警視総監）を務め、欧米の近代警察制度を日本で初めて構築した「日本警察の父」・川路《かわじ》利良《としよし》（１８３４〜１８７９）は薩摩藩士であった。

日通の場合、京大・一橋・東大あたりが強い。そこら辺しか幹部になれないんですよね。

北芝　そういうことはあるでしょうね。

山口　日大という私学出身の人が幹部になったときは、大騒ぎになった。

アメリカが作った１９４５年体制なのに、なんで大企業と官庁はアメリカ的じゃないものにしてしまったのかなって思うんですが。

北芝　結局、昭和20年から24、25年ぐらいまで、ＧＨＱがてんてこ舞いしたんですよ。まあ、日本を改革しようとしたけれど、抵抗勢力がたくさんあった。

何をするにしても、まずは瓦礫の復興をしなければならないわけですよ。アメリカ人だけでなく、連合国の白人がいっぱい入ってくる中、メシを食うレストランもろくになかった。

早く街の復興をさせないといけないということで、秘密会議をやったら、ヒロポン（注　覚せい剤の一種）をバンバン打たせて、瓦礫を片づけさせようということで、ＯＫになってしまった。当時、薬局でヒロポンが販売されていたので、みんなやっていましたね。

山口　昔の作家さんは打ちながら書いていたとか。サザエさんに出てくる小説家の伊佐坂先生も、原稿を書きながらヒロポンをやっていた。

北芝　晩年の警察ＯＢのところに遊びに行って聞かされたことがあるんです。戦後は黒人も白人もＧＨＱの兵隊がジープに乗ってはどこかに走らせていた。

何をやっているのかというと、ＭＰでない連中の一部はパトロールしているのではなくて、好きなタイプの女を物色していた。

山口　そうなんですか。

北芝　いい女がいたら、都会の真ん中の人目のあるところでは、白昼堂々とやれない。ＭＰを呼ばれたらやられてしまう。

だから、ＭＰが呼ばれないような、瓦礫の影の暗がりに女を連れ込んで強姦してしまうということをやっていたりしたんですよ。

そのときに、パトロールのおまわりさんは、拳銃は取り上げられていたので、どうしたかというと、警官の制服にはたくさんのポケットがあったから、瓦礫の破片や石なんかを詰め込んでおいて、強姦している男の首や顔を目がけて投げつけたんだと、古参のＯＢたちが言っていた。

当たると、相手も怒って、下半身裸のまま追いかけてくる。

その隙に女は逃げて、警官も逃げた。追いつかれそうになると、また石を投げる。

そんなことを連日やっていたと聞かされました。

山口　おまわりさんも大変でしたね。

北芝　拳銃を取り上げられて、お金も全然ない中、彼らも頑張っていたんですね。

山口　そうするしかないですからね。
北芝　そういう話を聞くのは好きだったですね。
山口　まるで戦国時代みたいですね。

日本と英米と、どちらが階級社会か？

山口　僕はアメリカはわざと日本をこういう堅物《かたぶつ》の社会に作り上げたのかなという気もするんです。
北芝　当時、ＯＳＳ（注　ＣＩＡの前身の諜報機関）は日本の体質を徹底的に調べ上げていて、天皇のことも、ＧＨＱがどうやって調べたかとか、ワシントンに非公開の資料があるんですね。僕は学生時代にワシントンに行って、駐日アメリカ大使特別補佐官を務めたＧ・パッカードに食事に招かれたことがあるんです。
　彼ぐらいの人間になると、そんな資料でも全部読むことができて、日本のことをよく知っていたんですね。親戚のハリー・Ｇ・Ｃ・パッカードさんは日本のＧＨＱに付随して来日し、日本美術に魅せられて、たくさん美術品を収集した人で、「パッカード・コレクション」ですごく有名ですね。

彼が集めた美術品はニューヨークのメトロポリタン美術館に収められていますよ。

僕は補佐官のパッカードさんに気に入られて、アメリカに行ったときには食事をご一緒したんですが、一晩中しゃべる人だった。

これはパッカードさんから聞いた話なんですが、アメリカから見たら、天皇は神道のスピリチュアルな存在で、天皇を生かすことで日本の社会を安定させたのだという。

要《かなめ》を残すことで、治安というか、政局の安定を図ったんだとワシントンの連中は言っていましたよ。そうやって日本を経営したというんです。

山口　領国経営みたいなものですね。

北芝　結局、戦後統治とか言っているけど、経営ですよね。いかに上手に費用調達をするかということで、まずは基地建設の費用がいらなくなった。

沖縄も横田も厚木も座間もすべて、日本は気前がいいんで、全部面倒見てくれたんだって。現在、どれだけアメリカが助かっていると思っているんだ、なんて言っていたんで、そうなんだと思った。

山口　ああ。

北芝　ドイツでさえ対等にモノを言ってくるのに、日本人は絶対に言わない。全部ＯＫだった。

防衛施設庁に足を向けて寝られないと言っていましたよ。防衛施設庁の歴代の長官の中で一番ワシントン受けがいいのが作家になったSなんだって。

山口　そうなんですか。

編集部　先ほどの山口さんの質問ですが、アメリカもイギリスもハーバード大学とかケンブリッジ大学を出た人が国の中枢に座っているのであって、学歴社会という意味ではあまり変わらないいんじゃないでしょうか。

北芝　日本人は人種が違うわけではない。人種で出自が決まってそれが階級化されていくわけではない国のくせに、大学で一種の等級差別があるというのは、白人から言わせたら珍しいんだと言っています。イギリスは上澄みのエリートがいて、なんで下の8割の連中をあごで使っているのかといったら、言葉の違いなんだと。

上流の英語をしゃべれば、上流社会に入れるんですよ。ところが、ロンドンなんかでも、新聞売りや靴磨きやフィッシュ・アンド・チップスを売っているような連中は言葉が全然違う。そこで、勉強して知識集積して言葉さえ直せば出自を超えて上澄みになれるという面はあるんですよ。

編集部　「マイ・フェア・レディ」で描かれたことがいまだにあるんですね。

北芝　そう、まさに「マイ・フェア・レディ」です。言語学者のヘンリー・ヒギンズ教授が「マイ・フェア・ライディー」から「マイ・フェア・レディ」に発音を直させたというのが象徴的なんですよ。

ただ、あれは女性だから、性が絡んでくるんだけど、男はどうなんだということになると、トップクラスにいくには貴族階級に生まれないとダメなんです。生まれだけですけどね。

では、貴族ってなんだということになるじゃないですか。ワシントンの連中はイギリス系でも、もうイギリスの呪縛《じゅばく》はないんですよ。

それで、パッカードさんという名前がおもしろい感じがしたんで、聞いてみたら、パッカード家にはフレンチとアイリッシュのキングが入っているんだという。

ブルターニュの半島の方にパッカードという名前があるんだって。そこに行ってみたら、「パッカー」という発音で、ケルト系だと認識したとか。

山口　なるほど。

北芝　それで、イギリスでもそうなんだけど、政界とか財界とか軍事でも、やっぱり上にいくのはアングロサクソンのイングランド人なんだという現実はあります。ちょっと下がウェールズ人とスコットランド人だと。アイリッシュから北の、移民のようなケルト系は、芸能人やスポーツ選手。

フィッシュ・アンド・チップス（©Andrew Dunn）

「マイ・フェア・レディ」は、１９６４年にアメリカで製作されたロマンティック・コメディ映画。言語学者のヒギンズ教授はひょんなことから下町生まれの下品な言葉遣いをする花売り娘イライザをレディに育てることになる。１９６４年のアカデミー作品賞を受賞した。写真は映画ポスター

考えてみたら、ビートルズは勲章をもらいましたけど、全部アイリッシュで、要するに移民なんですよ。

山口　はいはいはい。

北芝　結局、キャバン・クラブ（注　初期のビートルズが演奏していたリバプールのナイトクラブ）に出ていた芸人ですからね。

山口　だから、「金持ちは宝石をジャラジャラ鳴らせ」とジョン・レノンが言ったのは、自分たちがそういう出自だから、半分嫌みで言ったんですね。

「おまえは縄文と弥生の混血なんだ」

北芝　パッカードさんから話を聞いたとき、他にも日本人がいたんですが、日本の歴史に関しておもしろいことを話してくれたんです。

「天皇ってさ、ヒロヒトとかアキヒトとか言うだろ」って言うので、「そうですね」と答えた。「姓はないと思っている？」と聞くから、「ないんじゃないですか」と日本人の一人が答えたら、「何言っているんだ。コリアンだから、姓はあるぞ」って言うんですよ。

桓武天皇像（延暦寺蔵）

「えっ？　まあ、コリアンだという話は聞かないこともないいんですが、タブーになっているんじゃ？」（注　のちの２００１年12月18日、今上天皇は天皇誕生日前の記者会見で、翌年に予定されていたサッカーワールドカップ日韓共催に関する「おことば」を述べたが、その中で、「私自身としては、桓武天皇の生母が百済の武寧王の子孫であると、『続日本紀』に記されていることに、韓国とのゆかりを感じています」と発言して話題を呼んだ）と言ったら、「そうだよな。建国したのもコリアンだし」って言うんですよ。そして、「君らは、いわゆる重層の人種だからね」という。

「どういうことですか」と聞いたら、「もともと君らは縄文人で、弥生人が入ってきて農耕が始まったと思っているんだろうけど、縄文人はどこに行ったと思う？」と言うから、当時学生だったし、「ほぼ滅んだんじゃないんですか」って一人が答えたら、「おまえ、馬鹿じゃないか」と言われてしまった。

それで、「縄文をベースにして弥生が入ってきて、おまえは混血なんだ」と言われた。「あっ、そうですか、すみません」という感じ。「縄文人って、一体何だかわかるか」と聞くから、「わからない」と答えると、「おまえたちが熊祭りで写真を撮っているアイヌだよ」って。「えっ、そうですか」と。

「俺らが基地を召し上げて居座っている沖縄もアイヌと同種なんだ」と言われたときに、「ああ、そうだったんだ」って納得したんですよ。

僕はしょっちゅうアメリカに行っていて、行くたびにパッカードさんに電話しては話を聞きに行っていたんですが、そうしたらGHQの話をいっぱい聞かせてくれた。「マッカーサーっていいやつなんだけどさ、頭が固いんだよね」なんていう話も出た。

山口　米軍の方ではそういう評価なんですか。

北芝　ちょっと人情があって、冷酷になれないので、白人の中ではダメなんだって。

山口　ああ。

北芝　「だって、天皇に首を吊らせることができなかっただろう？」なんて言うから、「いや、天皇は、私はどうなってもいいから、国民を助けてくださいと頼んだらしいですよ」という情報を話した。

「それは本当の話らしいけどね。だけど、あの莫大な財産はどうなったと思うんだよ。そのまだぞ」って言われてしまって、「へえ」なんて答えたけど、そのときは何を言っているのかわからなかったですよ。

天皇の金塊はスイスの銀行に預けられている？

山口　天皇が財産を持っていたと言われていますけど、それについて聞いていないですか。
北芝　G・パッカードは、まだ使われずに温存されていると言っていましたね。
山口　天皇の金塊がまだ残っている？
北芝　金塊という形のものもあるでしょうが、天皇家の財産があるんだと。だけど、海外資産もあるでしょうね。
山口　フィリピンにあるとも聞いていますけど。
北芝　僕はそこはわかりませんが。
山口　山下奉文《ともゆき》将軍が隠していたという話がありますよね。

北芝　そういう話はありますよね。

山口　スイスの銀行に預けているというのは？

北芝　戦局が悪くなる前まではあったと言われていますね。結局、情報将校が天皇の財産を守ったとパッカードは言っていましたよ。

明石元二郎《もとじろう》大将のように、海外で活躍する駐在武官のような人たちがものすごく優秀だったので、いろいろな意味で日本のほころびを直したんです。

それで、日露戦争の日本海海戦で対峙したバルチック艦隊の話が出たんだけど、大艦隊が日本海を北上してくるのって、そう簡単に見えるものじゃないんですって。それをどうやったのかと聞いたら、スピリチュアリーにやったという。つまり、霊感だと。

秋山真之《さねゆき》参謀はバルチック艦隊を霊感で見たんだと。「えっ、それオカルトでしょ？」って言ったら、「おまえら、オカルトの国なんだぞ」って言われちゃった（笑）。

山口　確か、秋山は半分睡眠中に見たんですよね。

北芝　それをアメリカ人もよく知っていて、「バルチック艦隊はそう簡単に勝てる相手じゃないよ」って言っていました。

というのは、ロシア側の指揮官のロジェストヴェンスキー中将って、貴族中の貴族らしいんです。ものすごく頭もよくて、強くて、あんなのに指揮された相手に、普通は勝てないぞっ

山下奉文（１８８５～１９４６）は第２次世界大戦時の陸軍大将。終戦時に作戦行動のための資金をフィリピンに密かに隠したという「山下財宝」伝説がある。

明石元二郎（１８６４～１９１９）は陸軍大将で、第７代台湾総督を務めた。

秋山真之（１８６８〜１９１８）は海軍中将。兄は「日本騎兵の父」といわれた陸軍大将の秋山好古。秋山兄弟は司馬遼太郎著『坂の上の雲』で有名

ジノヴィー・ペトロヴィチ・ロジェストヴェンスキー（１８４８〜１９０９）は、日露戦争においてバルチック艦隊の司令長官を務めた。

て。

山口　あのときのＴ字戦法は、本当に武田家の戦法を使ったんですかね。

北芝　それはわからないですけどね。さすがに、彼もそういうことまでは言わなかった。あとから作られた話か、本当に武田家の戦い方を使ったのか、確かめられないですけどね。

山口　ですよね。

東日本の相撲取りが色白で体がデカイわけ

北芝　日本人のルーツの話に戻りますが、たとえば、今在日と言われているのは、「新半島人」ですけど、弥生人と一緒に来た、この列島棲息者の多くの先祖って「旧半島人」じゃないですか。どんな血が入っているか、わからないですよね。

山口　結局、どのタイミングで来たかだけの話ですよね。

北芝　そうなれば、ベースはアイヌだとパッカード補佐官が言うのは、縄文で、縄文は死んだり消えたりしないから、混血しているわけですよ。ヨーロッパ人に言わせると、ネアンデルタール人は消えたのではなく、ホモ・サピエンスと混血したんだという。

山口　みたいですよね。

北芝　僕がヨーロッパに住んでいたとき、ヨーロッパ人にネアンデルタール人ってどこにいるのかと聞いたら、ピレネー山脈の方にいるんじゃないかというんですよ。

何人《なにじん》かって聞いたら、自分の偏見だけどと断りながらも、バスク人はネアンデルタール人の末裔じゃないかと言っていた。謎が多いし、と。

山口　バスク人ね。ネアンデルタール人って、赤ちゃんのときに頭部が大きくて出産しづらいから、死んでしまうことが多くて、それで滅びたという説もありますね。

我々今の人類にもネアンデルタール人のＤＮＡが入っていて、かなり混血が進んでいたみたいですね。

北芝　そうなんです。だから、北京原人とか明石原人はネアンデルタール人ではないというんだけど、「じゃあ、アイヌはどうなったの？」という話になるじゃないですか。自分が会ったアメリカ人もイギリス人も日本人の起源はアイヌだと言うわけですよ。

自分も大学生だったから、「一体俺たちはどこから来たのか」なんていううぶな質問もできたんですよ。そうしたら、「たぶん、おまえらはヨーロッパから来た」と言う。「じゃあ、俺らは白人なのか」と聞いたら、「アイヌが白人なのは常識だ」と言う。

「おまえらはどう認識しているのか」と逆に聞かれたんで、「アイヌはアイヌで、腹立たしい

秋田県の新キャッチコピー「あきたびじょん」のポスターに写る女性はまさに白人とのハーフのようだ。

ことに差別の対象にもなっているし、現実を言うとある種沖縄でもそうですよ」と答えた。そうしたら、「おまえら何言っているんだ」と怒られた。そのとき、少し目からうろこが落ちた感じだったんです。

山口　アイヌがどこから来たのか、確かに謎なんですよね。コーカソイド説は昔からあって、白人の血が強いから、ああいう濃い顔になって、秋田美人の多い秋田にも白人の血が混じっているとか、いろいろなことが言われている。

確かに相撲取りを見ると、東日本の方が色白で体がデカイ。僕ら西日本の人間って、色が黒くて背の低い人が多いから、あんまり大柄な力士が出ないんですよね。

そう考えると、白人の血が日本人にも入っているのかもしれない。

アメリカ先住民より前にアイヌがアメリカ大陸に渡っていた？

北芝　ワシントン州にシアトルに流れ込む巨大な川があるんですが、１９９６年にその河岸でおびただしい数の人骨が発見されたんですよ。それらの多くは、虐殺されたように損傷していた。その骨を鑑定したら、ネイティブ・アメリカンよりも前のものだとわかった。

どういうことかというと、ネイティブ・アメリカンはベーリング海峡を渡ってきて、アラスカからカナダを通って、太平洋の沿岸を下降していって、南米に行くんですけど、その間に先住民族を虐殺しながら行って、いっぱい殺したんだろうと思われるんです。

山口　あっ、そうなんですか。

北芝　アメリカ政府はそれを利用して、もうネイティブ・アメリカンに金払わなくてもいいと言っている。アメリカ大陸を発見したのは白人だから、モンゴロイドには金を払わなくてもいいという説が湧き上がってきたんですよ。

山口　ネイティブ・アメリカンは先住民族ではないから払わなくてもいいということですかね。でも、アイヌにも同じことが起こったんですよね。

もともと原日本人はアイヌと大和と琉球に分かれただけだった。

ケネウィックマン（ケネウィック人とも）は、アメリカ・ワシントン州で発見された古人類の一種。１９９６年7月28日、コロンビア川の河畔でボートレースを観戦していた若者が人骨を発見し、警察に通報した。検死の結果、先史時代の人骨とされ研究機関に送付。発掘調査でほぼ全身の骨が回収された。死亡年齢は50代半ば、身長はおよそ１７５㎝で筋肉質だったと推定される。長らくヨーロッパ人であるという説が有力であったが、ニューメキシコ大学のジョセフ・パウエル教授は、アイヌ民族との類似性を指摘している。

ところが、大和では半島や中国から来た人々との混血が進んでわかりづらくなったけど、さかのぼればアイヌも沖縄ももともとは大和と一緒で、３つ合わせて原日本人だった。だから、どれが先住民族なのかは微妙だと言われていますね。

北芝　そうなんですよ。それで、シアトルの川の畔《ほとり》で発見されたおびただしい人骨は、「ケネウィックマン」という名前がついたんですが、アイヌと酷似しているんです。

山口　じゃあ、先にアイヌがアメリカに行っていたということ？

北芝　そう。だから、今アイヌや琉球民族と言われている連中が海峡を渡ってアメリカ大陸に行って、生息していた。そこへ、今ネイティブ・アメリカンと呼ばれる連中が南下して、戦いが起こって、虐殺が起こって、国にしてしまったということのようなんです。

山口　南米から縄文土器が出てくるのは、だからなのかもしれないですね。

北芝　そうそう、だから、アイヌが先に行っていたんだと言える。じゃあ、アイヌが北米大陸と南米大陸の持ち主だと言ってもいいということになりますね（笑）。

山口　そうですよね。

失われた10氏族は日本に来ているか

編集部　そうなると、アイヌはもともと何なのかという話になりますよね。

北芝　アイヌはもともとチュルク系の白人（注　中央アジア・モンゴル高原からシベリアの辺りを起源とする人たち）じゃないかという話で、そうなると、ネアンデルタール説ともつながってしまうんですよね。

山口　ネアンデルタールっぽいところもありますよね。

北芝　たとえば、琉球のような南方の人って、カニを押し潰したような顔をしていて、頭部がデカイでしょ。

空手の調査で行ったことがあるんですが、波照間《はてるま》島の人とか伊江《いえ》島の人とか、混血した沖縄本島の人と違って独特の特徴が残っていて、アイヌじゃないかと思うような外見の人がいるんですよ。

山口　大和はちょっとずれているところがあるけど、琉球とアイヌはＤＮＡが近いですよね。

北芝　近いんです。大和はどちらかというと、アジアン・ツングースの要素が強いと思っているんです。もちろん、いろいろと混血していますけどね。

編集部　日ユ同祖論の言う失われた10氏族が日本に来たというのは極端な話ですか？

山口　いや、僕はユダヤも来ていると思いますよ。

北芝　ユダヤも来ているでしょう。２０００年以上放浪すれば、こっちまで来ますよ。だって、ユーラシア大陸はヤバいから逃げるでしょ。中国なんて、年中ヤバい。

山口　だから、イスラエルっぽい顔の人もいるじゃないですか。アイヌっぽい顔の人も、純粋な大和民族ですという顔の人も、結構いますもんね。

「この人本当に大和なの？　琉球じゃないの？」という感じの人もいますもん。

北芝　だから、鹿児島や熊本の熊襲《くまそ》は琉球と一緒ですよ。琉球に下っていくとき、当時アマミキヨという神を信奉していた一団が南下して、奄美になったという。

そして、奄美から南下していって、先住民族と混じって殺して、海底遺跡を作った連中と混血して琉球になったという話ですよね。

山口　だから、琉球が原日本人の国であることは間違いないのに、中国が琉球を自分たちの領土だというのはおかしな話ですよね。

北芝　おかしな話もいいとこですよ。あとで琉球王朝を作ったときに、すでに北山・中山・南山で殺し合いをしていて、奄美も入れて、大琉球圏で殺し合いをしていて、当時有力な中国人なんて一人も入ってきていない。

　誰も助けてくれないので、彼らの中で殺し合いをしていただけですよ。与論島にはいまだにその戦いを伝承している老人とかいますよ。

「日ユ同祖論」は、日本人とユダヤ人（主に古代イスラエル人）は共通の先祖を持つとする説。主に次の3つの立場から主張される。

1　古代イスラエルの「失われた10支族」が日本に渡来したとする説

2　古代イスラエルの「失われた10支族」のみならず、12支族が日本に来たとする説

3　古代日本人は、ユダヤ人の先祖であるとする説

写真は写本『ベリー公のいとも豪華なる時祷書』に描かれた契約の箱。古代ユダヤの契約の箱（聖櫃／アーク）と日本の神輿はよく似ている。日ユ同祖論については『公安情報から読み解くユダヤと天皇家の極秘情報』（北芝健・飛鳥昭雄著、文芸社）などに詳しい。

久高島は琉球の創世神アマミキヨが天からこの島に降りてきて国づくりを始めたとされる、琉球神話の聖地。沖縄本島最高の聖地とされる斎場御嶽《セーファーウタキ》は久高島からの霊力（セジ）を最も集める場所と考えられた。久高島は琉球王朝に作られた神女組織「ノロ」制度を継承し、12年に一度行われる秘祭イザイホーを頂点とした祭事が行われていたが、イザイホーは、後継者の不足のために1978年に行われた後は催されていない。また久高島は海の彼方の異界ニライカナイにつながる聖地ともされる。写真は1954年に行われたイザイホーである。

もちろん、口伝で代々伝わってきたものですね。

山口　『魏志倭人伝』に女王国が出てくるんですが、沖縄だとも言われていますね。沖縄が邪馬台国だという説の根拠は、女性の地位が高かったからだというのがあるんですね。

北芝　実は、辺りを全部平定して、尚巴志《しょうはし》というのが初代の王になったときに、女好きでしょうがないんだけども、どんどん手をつけて、どんどん子供を産ませてしまった。しかし、子供の母親だから、女たちを殺すことはできない。

中国とは違うから、追放もしないんだって。どうしたかというと、手をつけた使い古しの女を全部一ヶ所の島に集めた。それが久高島《くだかじま》という、沖縄本島の東南端から数キロ東にある島だと言われている。

山口　霊地とされているところですよね。

北芝　王のお手つきを全部そこに住まわせたら、毎日つらいんで、斎場御嶽《セーファーウタキ》（注　現在の沖縄県南城市［旧・知念村］にある史跡）で神に祈ったという。そうしたら、清らかになって霊力がついたと言われているんです。

山口　それがユタ（注　沖縄県と鹿児島県奄美群島の民間霊媒師［シャーマン］）文化の始まりですか。

北芝　そうなんです。

山口　単なる王様の女遊びから……（笑）。尚巴志のご子孫が都内にいらっしゃいますよね。

北芝　いますね。

久米三十六姓と中国名

北芝　琉球で力を持ったのは、中国人の子孫が多いんですけど、「久米《くめ》三十六姓」というのがいて、今、那覇市久米という広大なところがある。

久米三十六姓は、１３９２年に明の洪武帝より琉球王国に下賜されたとされる閩人《びんじん》（現・福建省の中国人）の職能集団と、その後も閩から渡来した人たちの総称。このとき、多くの学者や航海士などの職能集団が渡来したと言われる。三十六姓といっても三十六人いたわけではなく、当時の中国では「三十六」はとても多いことを意味した。写真は日本最南端の孔子廟「至聖廟」で、沖縄県那覇市にある。17世紀初頭より久米三十六姓の人々によって儒教の祭典が行われており、１６７６年に那覇に至聖廟が建立された。しかし１９４４年の沖縄戦で焼失したが、１９７５年に波上宮にほど近い天尊廟跡地に再建された。

あそこに巨大な城壁みたいなのを巡らせて、外のやつが攻めてこないように、中で煮炊きをしたり、出産したり、暮らしていたんですね。

危ないから塀を巡らせたコンパウンド（邸宅）を作って、アメリカの白人がやったように武装ガードマンを置いて、その中に家がいっぱいあった。外から火を射かけられたり、地上軍の兵が来ないようにしていた。だから、見張りもいた。

ところが、琉球の人って、見かけは怖いんだけど、穏やかなので、中国人に全然手出しをしなかった。それで、久米三十六姓というのは、オーバーなんですよ。

白髪三千丈（注　年老いて、長年の憂いや悲しみのために、白髪が長く伸びてしまったことをいう誇張表現。三千丈は約9キロメートル）と言うのと同じで、三十六も姓はなかったらしいんですね。しかし、とりあえず「久米三十六姓」が住んでいて、子孫を増やして、人口が飽和状態になったので、外に行きたくてしょうがなくなった。

それで、だいぶ時間が経ってから、塀の外へ出ていったやつが「俺たちを殺さないよね」と聞いたら、「殺さない」と言われた。「安全保障してくれる？」と聞いたら、「してあげる」という。それで、口約束を信じて城壁を壊したんですって。

そうしたら、逆に沖縄全土に久米三十六姓の人たちが広がっていった。結婚して、力も持つようになった。

伊波普猷は沖縄県那覇市出身の民俗学者・言語学者で、沖縄学の父として知られる。写真は処女作で代表作の『古琉球』

山口　ええ。

北芝　たとえば、琉球大学に行くやつもすごいんですが、琉球大学に行かないで東大に行くやつって、もっとすごいんですよ。一番有名で本も出しているのが伊波普猷《いはふゆう》（1876〜1947）という学者さんですね。伊波さんは東大に行って、民俗学や言語学に加えて、沖縄学をやっていた。

伊波さんはもう一個名前を持っていて、「俺は魚培元《ぎょばいげん》という中国名も持っている」と言っていた。このように、沖縄で力を持っていて、商才も経済力もすべてあるやつというのは、二つの名前を持っている人が多いんですね。

編集部　日本名と中国名を持っている沖縄の人というのは、今でもその中国名を何かに使うことがあるんですか。

北芝　普段は使わずに隠しています。ただ、沖縄のトップクラスの人たちは「おまえ、なんちゅうんか」と聞き合って魚培元とかそういう名前を言い分けている。

空手の世界でもそうで、あそこの何とか先生は何とかという名前があるとか言っていますよ。

僕は琉球空手の道場をこっち（東京）でやっているんですね。そうすると、全日本空手道連盟という文部科学省統括の組織と、全沖縄空手道連盟の沖縄にある師匠の道場の両方に入っているんですよ。だから、僕は両方と仲良くしていて、コウモリ野郎と呼ばれたりしている（笑）。

山口　正体はどっちだって（笑）。

北芝　沖縄で全沖縄空手道連盟の支部だと言って紹介されると、泡盛《あわもり》飲みながらそういう深い話を聞けてしまったりするんです。ただ、発言はできない。

山口　ウチナンチュー（沖縄の人）じゃないから？

北芝　ウチナンチューだったら発言してもいいんだけど、嫁とかもらっていないとダメなんですよ。それで、僕は実は嫁を薩摩からもらっているんですよ。

山口　うわっ、むしろ敵になりますね。

北芝　僕の家内は鹿児島出身なんで、薩摩の嫁をもらったんかと言われる。それで、笑いながら「ハハハ、すいません」と謝る。

でも、そのあとに、ようやったなと言われる。薩摩を嫁にして偉いなと。

山口　ハハハ。

北芝氏がCIAの日本での諜報活動を暴露する

山口　CIAに関してですが、日本にいるCIAはどんな活動をしているんでしょうか。

北芝　日本にいるCIAは、簡単に言うと、旧東側の情報工作員や情報収集員の監視活動をしたり、日本の国家機密よりも米軍情報などのデリケートな機密の保守とか、ワシントンの意向を収集しているんですね。それらをどのぐらい収集できるかで彼らの腕が試されるわけです。

彼らはちゃんと日本女性と結婚をしたり、お金で商社マンとか技術を持っている人を買収したり監視したり、特定の活動を阻止したりもするんですよ。それで、メディアをコントロールして、ワシントン政府がやりやすい状況にするように工作もしています。

秀逸な組織ですよ。

山口　メディア・コントロールはどのようにしているんですか。

北芝　簡単に言うと、報酬を出すんですよ。本社の偉い人に働きかけて、人事でやりますね。たとえば、一介の記者が1回ヨーロッパに出て帰ってきただけで、アジア総局長になったりする。アメリカが全部報酬を出すんですけどね、そうすると、みんな親米に転ぶんですよ。

山口　ああ、なるほどね。

北芝　著名雑誌や著名通信社のアジア総局長はみんな歴代そうされたみたいな噂も立つんですよ。

山口　アメリカの傀儡《かいらい》になったと。

北芝　そうそう、ＣＩＡのね。

ＡＰなんかのアジア総局長は歴代ＣＩＡがやっているって噂が立っている。真偽はわかりませんけどね。

山口　**ＣＩＡがスマホにウィルスを感染させて、電源を切ってあっても、マイクから音を聞けるとか、その人の行動パターンを全部把握できるという噂があるん**ですけど、それは本当なんですか。

北芝　技術的には可能でしょうね。

山口　ＣＩＡはそこまでやるんですか。

北芝　やろうと思えばできますね。ターゲットにされた人物は、スマホなんか持っていたら、位置特定から日常行動から全部情報を取られることになりますよね。

もちろん、ＣＩＡがそういう工作をやればですから、一般人にはやらないですよ。

山口　よほどのことがあって疑われないとやられないですよね。

北芝　その通りですね。アンチ合衆国の人とかね。それから、実は北京などと通じている人とか、あるいは、ピョンヤンと通じている人とかね。

ＮＳＡ（アメリカ国家安全保障局）による個人情報収集の手口を告発したエドワード・スノーデンという元情報部員は、ヤバくなって逃げてしまいましたね。

アメリカはドイツのメルケル首相の携帯電話まで聞いていたと暴露した。でもそんなことは昔から言われていることですけどね。

山口　スノーデンが言っていることはどこまで本当なんですかね。

北芝　最初に香港で言った内容は全部本当ですね。

山口　最近、地底人がいるとか、宇宙人がいるとか、言い出していますね。だんだん精神がいかれてきたのかなとも思っているんですが。

北芝　あれはプロパガンダですね。幅広く撒き餌みたいに情報をばらまいて、食いついてくるのを待っている。

それで、暴露本を出して、金が入るじゃないですか。それの布石だろうと言われている。あとは、おもしろおかしく話せば西側に呼んでもらえて、入国できたら、しゃべり芸人で１回にドカーンと稼ごうと思っているんじゃないですか。

山口　それでは、ロシアにやれと言われてやっているのではなく、彼自身の意図ということですね？

北芝　言われてやってはいないでしょうね。

山口　では、食いついてくるメディアがないかと期待してネタをばらまいている？

北芝　そうですよ。結局、モスクワの空港でプーチンがＯＫしたから、ずっと空港に住まなくて済んだ。

北芝氏も「一瞬で人格を変えられる装置がある」と認めた！

山口　ＣＩＡが人格を変換する装置を持っていると聞いているんですが。

北芝　人格を変換する装置があるという話は前から聞いています。

山口　脳の伝達の電流を変えてしまって、急にブチ切れさせてしまうとか。

北芝　そうそう、いわゆる電気ショックのような形で。
山口　本当に人格が変わってしまう？
北芝　変わります。うつ病の人に電気ショックをやって、人格を明るく変えるというラディカルな治療法があるんだから、逆もありますよ。
山口　凶暴にさせることも可能なんですか。
北芝　そうです。今は間違った医療だと非難されていますが、昔はロボトミー手術（注　精神的疾病を外科的手術［前頭葉切裁術］で抑制する方法）で頭に穴を開けて脳の一部を取ってしまうとかやっていましたからね。あれをやると、凶暴なやつがおとなしくなってしまうんですね。
そういう方法もあるんだから、電気的に人格を変えるのは簡単なんですよ。
山口　日頃温厚な人が突発的に凶悪事件を起こすというのも、そのメカニズムで説明できるんでしょうか。
北芝　説明できますね。あとは、食べ物の中に薬物を混入して一時的に精神状態を変えてしまうことは簡単にできますよ。

警察のトップダウンで捜査に介入することはありえる

山口　小泉・竹中構造改革を批判してきた経済評論家の植草一秀さんが、２００４年に女子高生のスカートの中を手鏡で覗こうとして逮捕され、２年後にも痴漢行為で逮捕されましたが、彼は嵌められた可能性はあるんでしょうか。

北芝　植草さんの件はちょっとわかりませんね。手鏡が品川駅のエスカレーターでそんなに効力を発揮するかどうかというのもおかしいし、神奈川県警の捜査員がつけてきて、警視庁捜査員に案件を渡したわけでしょ。ここからおかしいんですよ。

　普通、やらないです。僕らはあのような罪名で、そのような形では案件を受け取らないですよ。

山口　２回目に逮捕されたときにも公安が現行犯逮捕したとされていますね。

北芝　公安だったら不思議ですね。メディアでは正当な捜査機関であるとされているのに、公安だとことさら強調されているのはおかしいでしょう？　あのようなセクシャルな事件のテリトリーは公安より別分野の警察ですからね。

山口　たまたまマークしていて現場を押さえたんでしょうかね。

北芝　酔っ払って反対方向の電車に乗って、体を触ったというやつでしょ。あれも不思議ですよね。

１回目は、家宅捜索されて家の中からは何も出てこなかったけど、彼の乗用車の中からエロ画像が出てきた。それが喧伝《けんでん》されて、あいつはエロいからこんなことやっても不思議じゃないという話にどんどん持っていかれた……。あれは、ちょっとわからないですね。

山口　ちょっと疑念は残りますか。

北芝　疑念は残りますね。ご本人としゃべったり、状況だけでも確認させてもらえればはっきりしますけども、神奈川県警の捜査員が品川までつけてきて、あいつおかしいよというのはなんだろう？

じゃあ、横浜とか川崎辺りで何をやっていたんだろうという感じですよね。不思議もいいところですよ。

「そこまで暇な刑事いるの？」っていう感じ。刑事ってやらないとわからないけれど、忙しいんですよ。

仮に猥褻《わいせつ》で挙げる目的でつけてきたとして、そこで猥褻行為をやっているのを見たら、ちょっと呼び止めるとかすればいいのに、まったく知らんぷりしてくっついてきて、手鏡で逮捕って変でしょ。

山口　植草さんのケースはわからないとしても、政権のトップの指示が警察のトップに行って、そこから現場に下りてきて嵌めるということは可能なんでしょうか。

北芝　昔と違ってまずないですが、戦前だったらありましたし、戦後の闇の中でも国籍の違う人を警部補にしたりすることもあったんですね。メチャクチャな時代があったんです。

それがだんだん整備されてきて、１９６４年（昭和39）のオリンピックの頃から警察はちゃんとしたシステムになったんです。それから後の事案でも、上からのトップダウンで「これ、やれ！」というのは考えられないことはないですが。

ついこの間、ノンキャリでトップまで上がったものすごい人がいるんですが、それが芸能プロダクションの意向で、芸能プロダクションに弓引いていた男を被疑者として扱ったという事例があったんですよ。

これは、簡単に言うと、芸能プロダクションの顧問という形で報酬をもらっていた「ノンキャリで上り詰めた男」が、芸能プロの意向を酌んで警察を動かしてしまったという図式になるんです。もちろん、これはあってはいけないことです。

というのは、今おっしゃったようなトップダウンでできなくはないんです。だから、植草さんのケースは疑念も残るんですよ。

山口　逆に警察のトップが友人に個人的な便宜をはかることは可能ですか。

北芝　可能ですね。

山口　恐ろしいことですね。

北芝　恐ろしいことです。ただ、今は交通違反のもみ消しなんかもできなくなってしまっています。

昔は、交通違反をして、「もう点数ないし、助けてよ」って言われて、「はい、わかった」ともみ消してしまったというケースはあったんですが、コンピューターになってしまったので、今はデータを改ざんしない限りダメなんですね。データを改ざんしても跡が残るので、できなくなってしまった。

だから、国会議員が来てもできないし、誰が来てもできなくなってしまった。それはよかったんですが、逆に、ヒューミント（人的情報収集）の工作はできるようになりましたね。

山口　その工作はどうやってやるんですか。

北芝　今話したように、力の強いやつが……。現場の捜査員って一番怖いんですよ。ぺーぺーの刑事が一番恐ろしい。

というのは、最前線で身柄を捕縛《ほばく》したりできるじゃないですか。その辺の刑事課長なんかでも自分でひんぱんに現場に行けないから、誰かに頼んで下ろす。

このやり方だと刑事《デカ》でも身内でも誰かに秘密を漏らされたら、不正の証拠が残ってしまうわけですよ。キャリアなんかは最前線に出ないから、下に頼むと特に漏れる。だけど、現場の刑事って、自分の頭の中で黙って行動できるじゃないですか。令状を請求して持ってくれれば、工作ができるんですよ。

山口　じゃあ、かわいがっている若い刑事に「ちょっとあいつを逮捕してくれないか」って頼んだら、すぐ逮捕してくれるってことですか。

北芝　人間関係がしっかりしていればできるんです。だから、それは怖いんです。そこまで来ると、権力になってしまいますが、普通の捜査はもちろんルール通りにやっているんですけどね。

ただ、警察というのは悪事に使われたら、ほんとに恐ろしい国家権力にもなりえるんですよ。そういう事例はありえます。

第3章

日本の闇社会とテレビ業界のヤバい話

東北は常に犠牲になってきた

北芝　我々は大陸や西からの勢力に対してどうしても弱い。

たとえば東北の蝦夷《えみし》は、征夷大将軍に惨殺され、レイプされ、姦略《かんりゃく》に遭って、アテルイ（阿弖流為）（注　北上川流域一帯を支配した平安初期の蝦夷の族長。延暦8年［789］、征東大将軍・紀古佐美《きのこさみ》軍を破ったが、延暦21年［802］、征夷大将軍・坂上田村麻呂《さかのうえのたむらまろ》に降伏し、河内国杜山《かわちもりやま》で処刑された）なんか、誘い出されて、「私は死んでも一族郎党を助ける」という固い約束を田村麻呂側と交わしたのに、連れていかれて首を切られた。手下の連中が全滅させられるぐらいひどい目に遭っている。

山口　坂上田村麻呂のしわざですね。今は清水寺にアテルイの慰霊碑がありますね。

あれもひどい話ですよね。

北芝　ほんとひどいです。

山口　田村麻呂はもともと抵抗勢力の生まれか帰化人だから、たぶん、アテルイに多少同調するところがあったと思うんですけど。

北芝　あったかもしれない。だから、アテルイは交渉しているときは背後の勢力も田村麻呂も信用していたと思うんです。アテルイは純朴な蝦夷で、武勇に長けた人だったんですね。

一説によると、女性かもしれないともいうんですけど。女性であればジャンヌ・ダルク、男性であれば、ステンカ・ラージンみたいな存在ですよ。

要するに、人情に弱い。ステンカ・ラージンの場合は、スラブの大軍団を率いていたんですが、ペルシアの姫と日夜性愛に溺れてしまって、内部からそしりを受けてひどい目に遭ったんです。

それで、アテルイもね、武勇に長けた人だったんだろうけど、やっぱり情にもろかった。だから、交渉相手が思いやりを見せてきたら、乗ってしまったんだと思う。しかし、捕縛され

坂上田村麻呂は平安時代の武官で、797年、征夷大将軍に任じられた。802年に胆沢城を築くために陸奥国に行き、アテルイとモレら五百余人を降伏させた。田村麻呂は彼らの助命を嘆願したが、京の貴族は反対し、二人を処刑した。図版は月岡芳年の画による坂上田村麻呂

ジャンヌ・ダルク（1412〜1431）は、15世紀のフランス王国の軍人で、カトリック教会の聖人。現在のフランス東部に、農夫の娘として生まれ、神の啓示を受けたとしてフランス軍に従軍した。イングランドとの百年戦争で重要な戦いに参戦して勝利を収めたが、ブルゴーニュ公国軍の捕虜となり、身代金と引き換えにイングランドへ引き渡された。イングランドと通じていたボーヴェ司教ピエール・コーションによって異端審問にかけられ、19歳で火刑に処せられた。図版は「シャルル7世戴冠式のジャンヌ・ダルク」（ドミニク・アングル画、ルーヴル美術館蔵）

ステンカ・ラージン（1630〜1671、スチェパン・チモフェエヴィチ・ラージンとも）は、ロマノフ朝のアレクセイ1世（在位1645〜76）の治世下で起こった大規模な農民反乱の指導者。盗賊の首領であったが、農民に厳しい徴税と徴兵を課した政府に反抗し、自由と平等の国を作ると掲げたため、英雄視された。アレクサンドル・グラズノフ作曲の交響詩のタイトルにもなっている。

て、首も切られるというひどい目に遭って、約束は履行されなかった。

何を言おうとしているかというと、東日本の、それも関東以北の東北の蝦夷は、やっぱり大陸のものすごい生命力というか、相手を殺してでも領土と獲物と繁殖対象（メス）を捕るぞという勢いを持った勢力に侵略されてきたと思うんですね。

この大陸というのは、今の中国に当てはめてもいいと思います。

なぜ犯罪者は西へ南へと逃げるのか

山口　渡辺謙さんが東日本大震災のときに「これで東北は何連敗だ」みたいなことを言っていたけど、常に犠牲になるのは東北なんですよね。鎌倉時代のときも、平泉で義経を殺したのに、結局頼朝に攻められてしまいますよね。
北芝　その通りですね。
山口　戊辰戦争（注　維新政府軍と旧幕府側との間の内戦。鳥羽《とば》・伏見の戦いに勝利した政府軍は、江戸城を接収、上野にこもる彰義隊《しょうぎたい》をはじめ関東各地で旧幕府主戦派を討滅した。奥羽越列藩同盟を結んで対抗する諸藩をも会津戦争等を通して帰順させ、最後の拠点・箱館五稜郭を陥落させた。こうして明治国家確立への途が開かれた）もそうですよね。東北は被害しか遭っていないと言ってもいいかもしれない。

北芝　闇社会の構図でも、Y組が西から東に上がってきて、北上するときに、東北は大体テキ屋・香具師《やし》という、路上でモノを売ったりして、テリトリーを分け合うという稼業の組が多かったのに、もう一夜にして、Y組の勢力に鞍替えしていったんですね。西から来るものには巻かれろという、これ、もう半ば遺伝子に刻み込まれているんだろうと思うんです。

山口　逆に、演歌なんかでは、失恋したり、失望した人が北へ向かうじゃないですか。

義経もそうだし、「北帰行」（注　1961年〔昭和36〕に小林旭が歌い、ヒットした歌謡曲）なんて、都落ちした人が北に行ってしまいますよね。

北芝　世間の冷たさに負けてしまった人が、「北帰行」のように北に行ってしまうんですが、逆に思いが非常に強い人、たとえば犯罪者で確信犯は、西へ南へ行くという傾向があるんですね。

山口　もう逃げ切ってやろうというやつですか。

北芝　そうです。逃亡犯罪者というのは気候を読むんです。物陰で身をひそめるというのはイコール野宿をすることになりますが、体を損傷しないようにある種開放的な地域を選ぶんですね。

鍵があまりかかっていないとか、忍び込みやすいといったら、西と南なんですよ。

たとえば、２００７年にイギリス人女性教師リンゼイ・アン・ホーカーさんを殺した市橋達也がいますね。彼は西に向かって、大阪の西成《にしなり》で作業員をやりながら整形費用を貯めたんですが、沖縄に向かって、もう西へ南へと逃げるんですね。彼は千葉県出身ですから、どちらかというと北の人ですよね。

それから１９８２年に強盗殺人を犯した福田和子。彼女は西から発して、あちこちさまよった挙げ句、いったん北（北陸）へ行ったところで捕まったんですが、１９９７年まで15年も逃げのびた。

山口　では、平家が西に逃げたということは、わりともう一回再起してやろうという気があっ

市橋達也は手記『逮捕されるまで——空白の２年７カ月の記録』（幻冬舎）で逃走生活の全貌を克明に描いてみせた。

安徳天皇（1178〜1185）は高倉天皇の第1皇子で、母は平清盛の娘・建礼門院徳子。2歳で即位したが、源平の戦いで西国に逃げ、壇ノ浦の戦いで平家一族とともに入水した。図版は「安徳天皇縁起絵図」（伝土佐光信）の第7巻「壇ノ浦合戦」、第八巻「安徳天皇御入水」

たんですかね。

北芝　でしょうね。幼い子だけども天皇も用意してましたしね。平家としては天皇の権威をむげにされたりしないだろうと思ったんだろうけど、ちょっと甘かったと思いますね。

山口　うちは代々大阪の天文学者というか、町人学者なんですけど、僕は親父の転勤の関係で四国で育っていますので、感覚的に江戸に攻め上るという考え方しかないんですね。

やっぱり四国の人って、京に出るか江戸に出るかみたいな感じなんですよ。考え方は攻め込むという感じですね。手勢を率いて攻め込んで、一旗揚げる、みたいな。

だから、東北の友達としゃべっていると、やっぱりすごくギャップを感じて、うちの事務所には70～80人いるんですけど、ほとんど東京から西の人しかいないんですよ。

北芝　そうですか。

山口　僕のキャラが思いっきり西日本人なので、たぶん名古屋と東京の人は合わせられるんですけど、東北の人は嫌になるのかもしれなくて、2、3人しかいないんです。

北芝　東北の人は、実は警戒心がものすごく強くて、体が冷えていますんで、いつもかなりうつ的なんですよね。関東以北は日光の照射量が少ないので、ちょっとうつ気味の文化がある。それで、塩で体温を上げるというのがあって、しょっぱいものがすごいですね。

山口　それでしょっぱい文化があるのか。

北芝　石原結實《ゆうみ》さんというドクターが言っていますけど、北の人、東日本の人は塩で体温を上げてとにかく元気を保たなければいかんという宿命なんだ、と。たとえば、秋田、青森、岩手とか、もうしょっぱい文化です。あれで、血管がボロボロになりますね。
名古屋は味噌文化だけど、ちょっと糖分が多いかなという感じがしますよね。

サンカの言葉と犯罪用語が似ている理由

山口　山の民サンカ（注　日本の山地や里周辺部で過去に見られた人々。定住することなく回遊し、戸籍に登録されていないこともあり、正確な人口把握は難しいとされた。一般の人々とは異なる習慣、信仰、伝承を維持し、秘密主義で結束力が強いという。明治維新以降、生活の場は一般社会と混じり合う一方、次第に国家の中枢に入り込み、権力と富を手にしてきたとする説もある。かつてセブリ〔テント〕を持ち歩いて移動生活をしていたことから、自分たちのことをセブリまたはセブリモノと呼んだと言われる）の言葉が警察の用語と似ているという話があって、たとえば、「タタキ」とか「バラシ」とか、犯罪者用語とつながっているのではないかと思っているんです。
僕の母方は山の民・忍者系なんですけど、忍者は肩の関節を外したりして、いろいろなところに忍び込んだりしているじゃないですか。明治維新以降は失業した連中が犯罪集団に入っていって、警察とつばぜり合いをしているうちにそういう言葉が警察にできたという話なんですが、ありうるのでしょうか。

北芝　ありえますね。江戸時代から十手《じって》ものには犯罪者を使ったでしょう？　たとえば、どこかの親分で投げ銭やるとか、言ってみれば、アウトローですよね。奉行所としては足軽の身分の武士を同心にしたんだけど、それでもまだ足りないわけですよ。大江戸の人数は把握できないぐらいどんどん増えてくる。それでキャリアがいて、それは与《よ》力《りき》ですね。

被り物をして、馬に乗っていいというのがキャリアですよ。同心は着流しで二本差しながら、同じところをパトロールして御用聞きをやっている。

その下の本当の御用聞きは提灯を持って「御用だ！　御用だ！」と言っている連中だけど、それと同時に聞き込みしたり、捕縛の手伝いするのはみんなアウトローなんですよ。

山口　あれはどこから調達してくるんですか。

北芝　どこかに火鉢があって、親分がいて、女将《おかみ》さんがいて、大川橋蔵が演じていたような親分（注　銭形平次）があちこちにいて、結局、地域を抑える顔役なわけですよ。

地域から若い衆を出してもらって、手下に使っていた。犯罪者でもって犯罪者を抑えているところがありましたよね。

当時、甲府辺りから来るやつだとか、江戸周辺のあちこちから来るやつというのは、血も涙もないような押し込み強盗で、それに対して、大江戸にいるアウトローは都の守りをする気概があったんですよ。

山口　新門《しんもん》辰五郎さん（注　江戸時代後期の町火消《ひけし》、鳶頭《とびがしら》、香具師、侠客、浅草の浅草寺《せんそうじ》門番）とかでしょうか。

北芝　そこら辺がそうです。もんもん（刺青《いれずみ》）を背負ったような威勢のいいやつというのは男性ホルモンが横溢《おういつ》していて、いつでも戦いたいんですね。毒をもって毒を制するみたいなところがあってね、外から来た犯罪者にぶつけるんですよ。

山口　なるほどね。

北芝　そうすると、犯罪者の用語と同心用語は日常的に同じになってしまう。そこから入ってくるのと、サンカは里言葉をしゃべらないですね。降りてくると隠語でしゃべるんですよ。

たとえばサンカは熊撃ちなんかもやりますよ。で、白神《しらかみ》山地でバーンとやっていたのが、ずっと富山まで熊を追ってきて、皮剥いで内臓を取って熊の胆《きも》（注　熊の胆嚢《たんのう》を乾燥させて造られる苦味の強い生薬で、健胃効果や利胆作用など消化器系全般の薬として用いられる）として高く売るといったことをやっていた。

それが、隠語を使った方がいい、逃げ隠れした方がいい集団とも合流してしまうんですね。

山口　結局、警察の方に従っていた連中と悪い方に入っていった連中とが二手に分かれた？

北芝　二手に分かれたということもあるし、同じ言語を共有するということは、もともと出《で》（出自）が同じということです。アウトローであったか、アウトローでないにしても、里人と一緒に暮らせなかった人たち。

山口　今でいうと、同じ暴走族にいて、一人は警官、一人はヤクザになってしまうみたいな。

北芝　そんな感じですね。レイプや恐喝はしなくて喧嘩専門の暴走族が白バイになってしまうようなものですね。

北芝氏はあやうくスリになるところだった!?

山口　サンカは自身のことを「ショケンシ」とか「ケンタ」と呼ぶと聞きますが、ケンタは乞《こ》食《じき》の親分の意味だとか、縄張りを持っているとかいうじゃないですか。そのような乞食の親分・子分というのは今でもあるんですか。

北芝　ありますね。たとえば、スリなんかでも、昔、浅草にスリ学校がありましてね。といっても本当の学校じゃなくて、スリを仕込む集団がいたということですね。
自転車のことをチャリンコって言いますけど、昔はスリのことをチャリンコと言っていたんですよ。だから、「チャリンコ学校」と隠語で呼ばれていたんですけど、手先の器用なやつを小学校4、5年から仕込むんですよ。
千葉とか埼玉とかいろいろなところから東京の浅草を目がけて遊びに来るんですよ。その「養成学校」に行けばメシを食わせてくれる、寒いときはジャンパーを買ってくれる。
スリの一家はヤクザなんですけど、手先の器用なやつに窃盗させるんです。鵜飼《うかい》と同じで、闇社会には鵜匠《うしょう》がいるわけですよ。

山口　「行ってこい」と。

北芝　「さあ、盗んでこい」と。それで、「よーし、よく集まったな。おい、おまえはこれだ」って感じでやる。

山口　マージンをはねるんですね。

北芝　そうですね。僕も小学校4年ぐらいのときに5人ぐらいで浅草によく遊びに行っていて、葛飾区立末広小学校から四つ木まで歩くと、浅草の雷門まで30分で着いた。
そこから遊ぶんですが、小学生だから金がないんですね。パチンコ屋に入っていって、床に落ちているパチンコ玉を拾い集めて、やると出るんですね。

だけど、子供ですから金に換えられない。そこで、そこにいるおじさんに頼んで、半分でいいからと言って換えてもらうんですね。

でも、これがデカイんですよ。１時間ぐらいで札束をもらったりしてました。「ヨシカミ」という洋食屋でガキがハンバーグ食ったりするんですが、あんまり食いすぎるとデザートのお金が足りなくなってしまうときがあるんですよ。

そうすると、ロック座に行って、休み時間になったストリッパーのおねえさんに「おねえさん、甘いもの食べたい」って甘える。おねえさんたちがいい匂いがするわけですよ。

それで、浅草にはあんみつ屋とかいっぱいあるので、「じゃあ一緒に行こうか」って言われてご馳走してもらったりした。

小学校４年生頃から親父の持っていた永井荷風の本を読んでいたので、「今度はアリゾナキッチン行こうよ」なんて言って、永井荷風が通った店には全部行くようなガキでしたよ。

山口　ずいぶんと豪勢な小学生ですね。

北芝　そのときにチャリンコの兄いに「メシ食わせてやるから来いやっ！」て誘われてしまって。こっちはずっと豪遊やっているんだけど、相手は一応ヤクザの格好しているから、小学生にとっては怖いじゃないですか。

それで「腹いっぱい食えよ！」って、事務所になっている一軒家に連れていかれてしまっ

永井荷風（1879～1959）は東京生まれの小説家。近代化に反発し、江戸趣味へ傾斜しつつ、反俗的な文明批評家としての姿勢を貫いた。代表作に『あめりか物語』『ふらんす物語』『濹東綺譚』など。日記に『断腸亭日乗』がある。

て、チャリンコいっぱいやっていた悪いガキが目を爛々と輝かせていた。そこが「学校」だったんですよ。

山口　やっぱり子供の頃からやっていないと、ああいうのはできないんですか。

北芝　あれ才能なんですよ。僕は全然ダメで、その場で恥かいてしまった。で、「帰れ！」みたいな。

山口　そこで才能が発揮されていたら、そっちの方に行ってしまっていたかもしれない（笑）。

北芝　そうですね（笑）。

スリのネットワークが東京と大阪にある

山口　どうしてスリの人は「何とかの何とか」とか、呼び名がつくんですか。
北芝　電車やバスの中を専門とする「箱師のなんちゃん」とかね。
山口　誰がつけるんですか。警察ですか。
北芝　警察も識別のためにつけますけど、業界で言われていたのをそのままもらうんですよ。
山口　では、スリの仲間うちでも「何とかのなんちゃん」と言えば、わかるわけですか。
北芝　ええ。忍び込みしかやらないから「のびたろう」とか。
　人がいたら絶対に盗みに入らないやつがいるんですよ。臆病だけど警戒心が強くてうまいという。「のび」しかやらない。
山口　サンカのネットワークじゃないけど、スリならスリ同士のネットワークがあるんですか。
北芝　あるんです。東京と大阪の両方にありますね。
山口　それで、情報交換とかあるんですか。
北芝　あります。名古屋をすっ飛ばして大阪までいってしまうんです。

大阪で出稼ぎして、金作って東京に帰ってきたりするんです。だから大阪府警が躍起《やっき》になって探していても、その頃にはもういないんですよ。

山口　出稼ぎされた方の大阪のスリの集団は東京が荒らしに来たと怒ったりしないんですか。

北芝　自分らも刑事《デカ》にマークされていて大変だから「じゃあ、やってよ！」って言って、東京のスリにやらせて、終わったら「お世話になりました！」と言って、なにがしか置いていくんですよ。

山口　そういう仁義は切るんですか。

北芝　新米で荒らしに来るやつももちろんいるんですよ。でもそんなやつはこてんこてんにやられてしまいますから。

山口　締められてしまうんですね。

北芝　そうです。逆に大阪からも来るんです。それで、しばらくの間はわらじ脱いでいいぞって。

大阪でサツに追われているやつが、東京に来てチャリンコをやるんです。

山口　面が割れていないから、やれてしまうわけですか。

北芝　そうです。「では、今日は箱に乗れや！」って言われて、電車でやるとか。

山口　僕は一度だけスリに遭ったことがあるんですよ。大学時代に夜行に乗って、甲府にいる信州大学の友達のところに行ったときです。

財布を懐に入れて、寝た振りをして瞑想をするのが好きだったんですよ。寝ていると、ガラガラだったのに、人がそーっと寄ってきて、横に座ったんですよ。

明らかに財布のところを見ているんですね。この人スリなのかなと思って、狙っているものを目の前に出したらどうなるんだろうと思って、テーブルの上にバッと財布を出したんですよ。そうしたら、逃げていってしまったんです。

北芝　ハハハ、刑事《デカ》に見えたんでしょうね。刑事《デカ》が仕掛けていると思ったんです。「わかっているぞ」みたいなことをやられると、ピューンと逃げますよ。

山口　逆にヤバいと思うんですか。

北芝　何人か刑事《デカ》がいるかもしれないと思って、すごい勢いで逃げるんですよ。スリを捕まえるときはね、本当に人がいっぱいつくんですよ。逮捕する瞬間って、心臓が口から出そうですよ。

現行犯逮捕ですから、ドキンドキンとなって、新米の20代の刑事《デカ》が「やれ！」って言われたりするんですよ。それで、「ウワァー！」っと押さえますけど、それでも怖くてしょうがないから、ヘッドロックで首を巻いてしまう。抵抗されると怖いから。

そのあたりがベテランじゃないんですよ。手を掴んでねじり上げればいいんだけど、首巻いて窒息するぐらいにやってしまうんですよ。
今思えば、「馬鹿だな、若いな」って思うんですけど……。

北芝氏が出会った戸籍を持たない人たち

山口　戸籍のない人っているんですかね。僕が日通にいたときに、取引先の建設会社の社長で、寮で死んだ人がいたんだけど、その人の本籍地に行っても、実家もないし一族もいない。結局、無縁仏として葬ったという話を聞いたんですが、そういう人っていくらでもいるんですか。

北芝　たくさんいます。たとえば、銀座の大地下駐車場で地下3階まであるところがあるんですよ。

冬はあそこにホームレスがウワァーっと集まってきて、80人から100人ぐらいいるわけ。それで、戸籍調べをやれと定期的に言われるんですよ。

数寄屋《すきや》橋の交番にいたとき、班長、次席、三席とあって、次席だったんです。そうすると、班長はジジイで来年もう定年という感じで、僕は兄い分だから、「何でもいいから行ってこい」

と言われて、三席を連れていくわけですよ。

そうすると、三席はホームレスにこてんこてんに馬鹿にされるんですよ。「何も知らないだろっ、俺たちが教えてやるよ」っていうぐらいの感じで。

それで、身元調べをする際、僕がトークをして、後輩が「山形県何とか郡」とか住所を書き留めて、何十人分の膨大な資料を作るんですよ。

本署に帰ってから電話で照会するんだけど、半分ぐらいは当たらない。そこにはいないんですよ。役所に電話をかけても合致しないやつがいる。

山口　そういう人はどこから来たんですか。

北芝　結局、横浜のドヤの寿《ことぶき》町とか、東京の山谷から移ってきていて、銀座はメシが豪華だから、残飯をあさると肥えてしまうんですよ。中華街にいけば、チャイナ・マフィアが怖いからあされない。そうすると銀座に来てしまうんです。

銀座だと、夜中になると高い飯が捨てられるので、寿司屋なんて折り詰めにして警官にあげたりしていた。今はないけど昔、僕らももらってね、すごい寿司を食ってましたよ。

でも、いっぱい余るから、ホームレスに配りに行ったりしていた。でも、あるときに、もらっちゃいかんということになって、お正月に、ホームレスが「もらってしまったんだけど」って言って、差し入れをくれたことがあった。

何が入っているかわからないから、「いや、いいよ、いいよ」って断ったけど、逆にホームレスに恵んでもらう立場になったんだなあと思いましたよ。

山口　おもしろいですね。

北芝　僕らはどうしていたかというと、交番のおまわりが醤油を煮て、砂糖を少し入れて、餅を入れてどろどろにして、夜中にわけのわからない雑煮《ぞうに》みたいなものをすすっていたんですよ。

15日が給料日だったんだけど、10日ぐらいになると、給料が安いから、メシを買う金がなくなって。それで、そういう変なものを作ってみんなで飲んだり食べたりしていたんですよ。銀座の制服のおまわりが、ですよ。

山口　まあまあおいしいんですか。

北芝　おいしいなんてもんじゃないですよ。生き返ってしまいますよ。糖分と発酵した醤油と餅でしょ。抜群においしいですよ。

テレビドラマのようにホームレスは諜報活動に使われている

山口　もともと戸籍がない人というのは、たとえばホームレスの子供とか、山の民もいるのでしょうか。

北芝　山の民もいますね。セブリの連中がいて、たとえば、シノガラと合体したとか、これは被差別に分類されてしまうんです。

ジプシーと一緒で、いわゆる「てなしご」を産むやつが多いんですよ。それで、売り買いされてしまうと、もうわからないんです。

女の子は、中国で言えば、「モンマイ」みたいに目を潰して、セックス仕込んで売るみたいに、セックスの対象にされてしまうし。いわゆる登録外人口というのが日本にも絶対いるはずですよ。

山口　現在でも登録されていない人が普通にいるんですか。

北芝　いるはずです。どうやって生きているかというと、誰かに養ってもらっているはずなんですよ。

ホームレスは定期的に調べているけど、江戸時代みたいに木戸で閉まるなんてことはないから、移動できてしまう。

たとえば、東京でうるさくなったら、寿町には行けますね。そうすると、こぼれた人口は絶対に存在するんです。

山口　船橋にホームレス村があるんです。林が残っていて、その裏をジョギングして走るんですけど、だんだん小屋が増えていって、7軒ぐらいある。

ホームレスのおじさんがいっぱい住み始めて、シーズーとか飼っているんですよ。うちのかみさんが散歩していると、乞食のおじさんがシーズーを連れて、「このシーズーは何を食べるのかね」と聞かれたことがあって、最近のホームレスは携帯を持っているわ、シーズーは飼うわ、なんかおかしいですよね。

北芝　集団になると親玉がいるんですよね。

山口　なんか偉そうにしている人が一人いますね。

北芝　牢名主《ろうなぬし》みたいな地域の統括者がいて、初めてホームレスになった人は、連れていかれるんですよね。鉄くずや段ボール集めるのにも、勝手にやっちゃいけなくて、顔見知りになっておかないといけないんですよ。

でもホームレスって、大体3ヶ月ぐらいで精神に異常を来たしてしまう人も多いんです。おかしくなる前に、銀座の大地下駐車場なんかだと、公安の刑事《デカ》が来て、ホームレスの親玉で誠実そうなやつにちょっとお小遣いを与えて頼むんですよ。

車に「外ナンバー」というのがあって、公安外事が喉から手が出るほど欲しい北国の大使館や大陸の大使館の車なんですが、頭が何々というナンバーが外務省から割り振られているから、それを見つけてくれって頼む。そうすると、たとえば、「今足が悪いから、小僧を使うんで、３枚ぐらいくださいよ」って言うので、３千円あげたりするんですよ。

そうやって、ホームレスのガキを集めて、この番号を探してこいと言って、探してきてもらう。「３階にありますよ」とか言われて行くと、大使館員の車があって、まだ温かいから、運転手がまだ近くにいて、そこで工作が行われているとか、わかるわけですよ。

それを調べて、白人がいるかいないか、どちらに出たかとか調べて、追うわけですよ。

山口　テレビドラマ「太陽にほえろ」で山さんがホームレスを使っていたというのは本当の話で、いまだに警察官は使っているんですね。江戸幕府もスパイを使っていて、よそ者が来ると乞食の親分が注進したらしいです。

北芝　その通りです。彼らは定点観測できるじゃないですか。
大阪からやってきて、東京の地元の組を名乗って、若者を恐喝して逃げていたゴロツキがいたんです。もともとはヤクザだったらしいんですけど、糸が切れた凧《たこ》になって、東京に出稼ぎに来て、それで恐喝して毎回何万円とか召し上げて帰っていた。

結局、ホームレスのご注進で捕まえました。

山口　そうですか。

北芝　東京駅に行ったというんで、東京駅で待っていたら、ぴったりの人相と着衣のやつを見つけて、捕まえましたよ。結局、出稼ぎの恐喝屋、路上強盗だったんですよ。

山口　僕は犬の雑誌のために犬の伝説について取材していて、警察に包囲されたことがありますよ。確か山形県でやっている犬祭りの取材で、夜行で温泉の近くまで行って、そこから朝一で行けば間に合うというのがわかって、そこで始発まで2時間ぐらい待っていたんですよ。そうしたら、電柱の向こうから僕を見ているやつがいるんですよ。なんか汚いオヤジで、新聞か何か配っているんです。10分ぐらいしたら、パトカーが4台ぐらい来て、囲まれたんですよ。

それで、「駅にいる人物、出てきなさい！」と言われて、「ここで始発待っているだけで捕まるの？」と思った。「君はここでは見慣れない顔だけど、何者だ？」と聞かれて、「東京でライターをやっていまして」とか言ったら、「山形にライターがいるわけないだろうが」って言われて、連れていかれてしまったんです。

北芝　なるほど。

山口　たまたま自分の本を4、5冊持っていたんで、見せたら急に態度が変わって、山形弁になって、警察のタオル貸してくれて、「そこに無料の温泉があるから入ってきなさい」とか言われて、「あなた本当の作家だったんだね」なんて。だから、新聞屋もスパイになるんですね。

北芝　なりますよ。地域を定期的に徘徊したり、定点観測する人はみんなスパイにしますよ。ルイジアナとか南部のシェリフの事務所と同じで、ガソリンスタンドの店員がシェリフの助手に「変なのが来て、カリフォルニア・ナンバーだぞ」と報告するのと一緒ですよ。

山口　保安官ですね。

北芝　それでシェリフがキューっと来て、「おまえどこのやつだ?」みたいな感じで、日本もまったく一緒ですよ。

山口　僕もよく捕まるんですよ。捕まるんですけど、捕まえた警察官と仲良くなるのが得意なんですよ。

「あなた、いい人なんだね」って最後に言われるのが得意なんですよ。確かに、心霊スポットとか、変なところを取材していますからね。怪しいと思われるんでしょうね。

2002年、新宿・歌舞伎町で中国マフィアと日本のヤクザの抗争が勃発！

北芝　犯罪の検挙には貢献していますけど、今は防犯カメラがどこにあるかわからないぐらいすごいですね。歌舞伎町に50台設置されたときは非難轟々でした。

山口　プライバシーの侵害ですか。

北芝　一番嫌がったのは、不倫のカップルが現場を撮られてしまうこと。

山口　ラブホテルから出てくるところを……。

北芝　それで、ラブホテル街にはすごく少ないんですよ。

山口　反対運動があったから？

北芝　そうですね。一番多いのが、西武新宿駅前から歌舞伎町に来る辺り。ものすごく多い。粗暴犯が多いんです。

　多くなったきっかけは、チャイナ・マフィアが日本のヤクザの頭撃って殺したという、2002年9月27日のパリジェンヌ事件。あれが大きかった。あれからですね。

山口　日本のヤクザでは考えられないことをする。

北芝　飲食店で真っ昼間、頭バンバンって2発撃って、日本のヤクザが即死したんですよ。

山口　なんでそんなことやったんですか。

北芝　その日の朝方、歌舞伎町でカラオケスナックを借り切って、SY会とS会と東北《トンペイ》マフィア――遼寧省《りょうねい》、黒竜江省《こくりゅうこう》、吉林省《きつりん》出身の中国マフィア――がカラオケ大会をやってたんですよ。酒を飲んでメシ食ってワァっと遊んでいた。

9・11の1年後の2002年9月27日。それまではいろいろな意味でシェアを食い合っていたんですが、親睦しようとしてやっていた。

朝になったから解散ということになって、どちらがここを払うかということになった。誘ったのはチャイナ・マフィアだったんで、うちが払うと言った。SY会は地元だからうちが払うと言った。

「おまえ、ダメだろ、ここは日本だから」って言ったら、「うちらが誘ったんだ」って、今度は殴り合いになって、SY会のやつがヤッパ（刃物）抜いて腹ズボーっとチャイナ・マフィアを刺してしまった。「なにこらっー」というんで、20人以上が店で乱闘したら、ぐちゃぐちゃになってしまった。店が壊れてしまった。

山口　そりゃあ壊れますよね。

北芝　次の日に手打ちやらにゃいかんから、いがみ合っているけど、喫茶店のパリジェンヌでやりましょうということになったんです。

チャイナ・マフィアのやつが拳銃持ってきて、テーブルにバンと置いて、「デカイ顔をするな、俺らは世界中に組織があるんだぞ。おまえらこの辺だけだろう。ヤクザだったら、俺らを撃ってみろ」って言った。そうしたら、「おお、撃ってやるよ」って、SY会の第2次団体のT会のSっていう男が、拳銃を掴んだ瞬間に頭を「バーン、バーン」と撃たれて即死ですよ。

一緒にいたのも撃たれて重傷で、4人ぐらいチャイナ・マフィアのバックアップがいて、その店は大騒ぎとなって、逃げたんですよ。それで、血だらけで、死体があったという事件でした。

山口　そんなの仁義も筋もあったもんじゃないですね。

北芝　すごいんですよ。それで、SY会のホットラインがY組につながっていて、それ言ったら、「よっしゃあ」って500人ぐらいさみだれ的に送ってきたんですよ。Y組としたら、西のヤクザが東のヤクザに恩を売るいいチャンスなわけですよ。

それで、Yという組織が中心になって送ってきたもんですから、関西弁で歌舞伎町が溢れてしまった。

山口　それで、どうやって手打ちしたんですか。

北芝　日本のヤクザとチャイナ・マフィアで殺し合いが始まったわけですよね。それで、落合の浄水場で死体が発見されたり、切りつけられた事件とか、2002年暮れまで「歌舞伎町大戦争」って、『週刊プレイボーイ』なんかも地図を作って、ここところで殺し合いがあったとか、やってましたよ。書いたのは私ですけど（笑）。

警視庁の方でも、さすがにこれは抑え込まないとマズイとなった。チャイナ・マフィアがどれぐらいすごいかというと、華僑という在外中国人が3000万人いるんですよ。

山口　そんなにすごいんですか。

北芝　華僑人口はすごいんですよ。そのうちの200万人が黒社会、つまり、中国ヤクザなんですよ。

そうすると、日本のヤクザは警察の調べではたかだか8万9000人ですからね。右翼団体の衛星団体からゴロツキとか入れても、勢力12万人ぐらいしか日本国内にいない。12万人対200万人じゃあ規模が違う。

山口　相手にならないですね。

北芝　なりません。だから、何も怖くないぞって思って、撃ち殺してしまったんでしょう。

歌舞伎町浄化作戦後、チャイナ・マフィアはどうなったか

北芝　さすがにこれはヤバいぞってことで、警視庁が1000人体制で新しい取り締まり機関を作ろうということで、刑事部、公安部、生活安全部から選りすぐった人員を集めて「組織犯罪対策部」を作ったんです。これは組織犯罪対策第1課から第5課まであるんですが、いわゆるマル暴なんかは組織犯罪対策の第4課なんですよ。

第5課というのは、麻薬犯罪とか外国人を取り締まったり、いろいろやるんですよ。そこに全部入れてしまったんです。

たとえば、保安2課と呼んでいたのが麻薬専門でしたけど、組対《そたい》5課になってしまった。前はどこの部署がどこをやっていたのかわからなかったんですけど、組織犯罪対策というのができてしまった。

実質964人なんですけど、さあ、こいつら取り締まるぞって張り切ったら、いきなり2003年1月に東京郊外のデカイ飲食店を借り切ってチャイナ・マフィアと日本のヤクザが手打

ち式をやってしまった。手打ちをやったら、ビジネス的においしいことをやらないといけない世界ですから、蜜月時代に入るという条件で、業務提携に入ってしまった。

たとえば、歌舞伎町ならコマ劇場がありましたが、あそこの周辺はすごくおいしいんです。ビルがいっぱい立っていて、セックスを売る連れ出し風俗からチャイナの女たちの売春拠点がいっぱいある。

そうすると、1軒につき5万円ぐらいをチャイナ・マフィアが取り立てるんですよ。すると3万円ぐらいをチャイナ・マフィアが取って、残りの2万円を地元を仕切っているSY会に落とす。

SY会は全然動かなくて、1軒の性風俗店から2万円がどんどん入ってくる。これが集合したらすごい金額なんですよ。こっちはたとえばI会、こっちはY組とか、そこ全部仁義で提携に入ってしまった。そうすると、日本のヤクザは潤うし、チャイナも潤うんですよ。もう2003年から新しいビジネスモデルができてしまった。

山口　警察がはしごを外された感じですね。

北芝　そうなんです。それでね、石原慎太郎都知事（当時）がまだバリバリだったんで、「それを使おうよ」っていうことになった。

広島で暴走族が人を殺したとか、メディアの人まで殺してしまって、ひどかった。「暴圧」

というんですが、抑え込んだり叩いたりして業績を挙げた竹花豊《たけはなゆたか》さんという警察庁の本部長がいたんですよ。

竹花さんは東大出で、成功したというんで、石原さんが目をつけて、竹花さんを東京都の副知事にしたんです。それで「やれ！」といって、歌舞伎町浄化作戦を5回やったんです。そうしたら、チャイナ・マフィアがサーッと退いていったんですね。

コロンビア・マフィアもいたんですが、都下の町田市の方に逃げていって、女を売って、コカインを売ってというのが町田へ行ってしまった。そのあと、静岡まで行ってしまった。

それで、歌舞伎町浄化作戦成功とぶち上げたんですけど、また今は戻っていますから（苦笑）。

山口　石原さんがいなくなって……。

北芝　ホットラインで送り込まれた500人のY組の勢力はそのまま定着してしまった。

山口　それをきっかけに事務所を作ってしまった？

北芝　作ってしまったんです。その頃に仕掛けたのかどうかは全然わからないというか、誰も知らないんだけど、K会という東京都に本部を置く暴力団の内紛が起こって、分裂して、それをKさんという東京のヤクザの大立者《おおだてもの》が治めたんですよ。

そのときの後ろ盾として物心両面で支えたのがTという名古屋のK会のトップだったんで

す。で、その功績によってY組本家で当代を襲名したという経緯があります。

山口　そういうことなんですか。なるほどね。

北芝　K会のシマというのは東京では大きいんですよ。銀座・赤坂・六本木にまたがってて、SY会にシマを貸しているんですよ。

それで、賃料をSY会は払っていたわけなんですよ。それが全部Y組になってしまったんで、返してくれと言ったら、そこを話し合いしようといって、しばらくはっきりとした結論が出ていないとされていました。

所有権というか、闇社会での名義はもうY組の手になってしまっていて、K会ですけども、Y組の地域なんですよ。

山口　では、Y組に上納せざるを得ない。

北芝　上納せざるを得ない。賃料は払っていますよね。賃料が上がったって、聞いていますけどね。

最近はヤクザの台所事情も厳しい

山口　遠い親せきのおじさんがヤクザで九州のSY会で組を抱えているんですけど、話していると、まるで中小企業の社長と話をしているような感じがするんです。

北芝　フォーム（仕組み）と経営方式はまったく変わらないですよ。

山口　経営者で、同じような悩みがあって、資金繰りとか部下に対する教育とか、部下が不始末を起こしたとか……。この人たちは豪勢な生活をするためにこの渡世《とせい》に入っているのに、結局、我々堅気の人間と同じようなことで悩んでいるんだなと。

北芝　北九州なんかもそうですけど、たとえば福岡には8大暴力団があって、K会というのが反Y組で一番すごいんですよ。その他というか、入れ替わるから内も他もないんだけど、D会、K会、T会とか、この間まであったKS会。それはD会から枝分かれして、資金がY組から来ていて、反Y組の親玉のD会と7年間撃ち合いで殺し合いをやってた。

ついこの間、KS会は解散届を出して、一応、殺し合いは終結したんですよ。8大暴力団も全部、台所事情の苦しさは一緒ですよ。

山口　結局、シノギ（注　ヤクザ・暴力団の収入や収入を得るための手段）の食い合いなんでしょうね。

北芝　だから、ＳＹ会だって、昼間は出稼ぎでサラリーマンやりたいぐらいだって、言っていますよ。不動産業やったりして、大変そうですね。

Ｙ組が強いのは、結局、金融に強くて、そのうちの一人が歌手でタレントのＷさんのおじさんなんですよ。

山口　あっ、そうなんですか。

北芝　金融業者なんですが、Ｙ組系専門というか、それで強いんですよ。

山口　それじゃ、Ｗさんの実家は結構お金持ちなんですか。

北芝　オジキですけど、Ｗさんは姪っ子だから、かわいがられているわけですよ。そうすると、何が何でもＹ組はＷさんの後ろ盾についているわけです。

元首相がサンカだったという説がある

山口　さっき話題にしたシノガラ（注　サンカが結成した秘密結社とされ、忍びのヤカラを指すと言われる）って、どの程度機能しているんですか。

北芝　サンカもシノガラもセブリ（注　サンカは自身をセブリまたはセブリモノと呼ぶとする説がある）も隠れ住む民だった。幕府にいいように使われた。八咫烏《ヤタガラス》（注　サンカの秘密結社とする説がある）なんかも一部そうですよね。それから、修験道の行者はいろいろなところで使われていたんで、修験道の行者とも渾然一体となっていた。

彼らが接触すれば、婚姻という状態も事実上生まれたりして、誰がどの血と言えないぐらい混じり合ってしまっているんですね。

山口　たとえば、シノガラの生まれだけど、別の八咫烏と婚姻しているとか、そういうことですか。

北芝　そういうこともありますすね。それから、たとえばオジキがセブリだったとか。熊撃ちのマタギだったとか、必ずあるんですよね。山の民はネットワークがある。

山口　そういう人たちは今でも戸籍がないわけじゃないですよね？

北芝　今ではちゃんと登録して、青森県民だったりするんですね。

山口　田中角栄が山の民だという説はどうなんですか。

北芝　それはよくささやかれていますね。たとえば在日だという噂も当時からありますが、それはどちらもないだろうと小千谷《おじや》（新潟県）の人が言ってました。

山口　あっ、そうですか。

北芝　長岡市の警察関係の人が東京に来たときに聞いたら、田中角栄はただの新潟県民だと言ってましたね。

山口　角栄という名前が妙だという話が前からありましたけどね。

北芝　そう言われていますけどね。田舎では音読みするのは結構多いんだと。沖縄県なんて9割が音読みですからね。具志堅用高とかね。佐渡島で音読みする人が多いというんですよ。沖縄の人が定着しているらしいんですよ。

山口　へえ。

北芝　北前船とかで来るじゃないですか。沖縄から物資を運んできて、佐渡で一回降ろして、

北前船とは江戸～明治時代に活躍した廻船のこと。商品を預かって運送をするのではなく、航行する船主自体が商品を買い、それを売買することで利益を上げる方法を採った。北陸以北の日本海沿岸諸港から下関を経由して瀬戸内海の大坂に向かう航路を採ったが、下関を通り越して九州や沖縄に行く西回り航路もあった。写真は復元された北前船

そのまま定着してしまった沖縄の民が多いのだとか。

山口　では、佐渡にはもともとは沖縄がルーツという人が多いんですか。

北芝　沖縄がルーツです。ナカマさんとかホンマさんがいるんですよ。沖縄には「間《ま》」がつく姓が多いですからね。

山口　阿波と安房はつながっていて、徳島と千葉は黒潮ラインでつながっているんですよね。だから、徳島、静岡、千葉には共通の地名が多いんですね。

僕は徳島県で育っているから、千葉県の人としゃべると気が楽なんですよ。だから、気性は似ているのかなという気がしますね。

北芝　徳島県も千葉県もフィヨルド地形なんですよ。「ウト」とか「ウド」とか近くにあるはずですよ。

たとえば、静岡に有度《うど》とか有渡《うど》とかの地名があって、熊本には宇土《うど》がある。これらはみんな水のところに突き出したフィヨルド地形なんですよ。それは千葉にもあるんです。

日本全土にいた縄文の民、要するにアイヌと同じ人種が全国にいてアイヌ語をしゃべっていた。それで日本全国にアイヌ語地名があるんですよ。

山口　五十嵐というのもアイヌ語だと聞いています。

北芝　それから、金田一という学者の家系、あれも岩手のアイヌ語なんですよね。アイヌ系の名前の人はいっぱいいて、全部当て字なんですが、たとえば四国の四万十川があるところは高知県の中村ですよね。

中村という地名がつくところはアイヌの村が多いんですよ。で、四万十川も「はなはだ美しい川」という意味のアイヌ語ですね。

山口　中村って、結構幕末の志士が出ていますよね。

北芝　出ていますよ。みんな顔が濃いんですよ。

げじげじ眉毛にめんたま丸いみたいな人が多くて。

山口　ああ、高知のような南四国とか、熊本から南の九州は顔が濃いですよね。縄文人特有の大きい顔で。

北芝　だから、熊襲も隼人（注　古代日本に、薩摩・大隅［現在の鹿児島県］に居住した人々）も、みんなアイヌの部族ですね。

山口　そうでしょうね。

北芝　それが奄美に行って、琉球に行ったという話ですよ。

熊襲とは日本の記紀神話に登場する、九州南部に本拠地を構えヤマト王権に抵抗したとされる人々の名称。古事記では熊曾と表記され、日本書紀では熊襲、筑前国風土記では球磨噌唹と表記される。写真は石見神楽の演目「熊襲」（「石見神楽」公式サイトより）

幕末の戦いは「弥生対縄文」の戦いだったと言えるかも

北芝　結局、日本全土に縄文人がいたというのは証明されていますけど、みんなアイヌだったということがわかっていて、それが渡来人に駆逐されたんですよね。九州の博多辺りから入ってきて、北と南に追いやられて、南は融合したけども殺された。

ヤマトタケルが女装して、熊襲に酒を飲ませて、油断したところを殺しましたね。東北は惨殺に次ぐ惨殺、レイプに次ぐレイプで滅ぼされたけど、生き残ったアテルイの一族・親族が「ア」を取って「テルイ」という苗字になった。それが秋田・山形・岩手の辺りにいるんですね。

山口　山口県の田布施辺りから安倍首相のような政治家とか、幕末の志士とか、それこそ犯罪者も出ていたり、すり替えられた明治天皇と言われる大室寅之祐がいたりしておもしろいですよね。田布施には謎がありそうですけど、何かご存じですか。

北芝　物部氏の隠れ里説とか、水面下ではすべてつながっている薩長の田布施システムとかが有名ですね。山口県に関しては、渡来人と地元にいた土着民とが融合したんでしょうね。

宗教も融合したし、人種も融合したんですね。宗教が融合すれば人種も融合するのは当たり前ですけどね。

たとえば、宮崎県では北半分が渡来宗教系で、幟《のぼり》には朝鮮のきれいな配色が施されているし、神社にも朝鮮の装飾が見られますが、南に行くとほぼ縄文ですね。

山口　渡来人が大挙して宮崎にやってきた？

北芝　大挙して入ってきたんでしょうね。南半分というのは薩摩藩ですから、かなり熊襲がいたと思いますよ。
今でも熊襲がいたとされる曽於《そお》郡という地名が鹿児島県に残っているし、熊本県では球磨郡なんてもろに熊襲の土地もありますし。これらはアイヌの一大地域ですから。隼人とか言っているけど、一緒ですから。

山口　大和朝廷に抗《あらが》った抵抗勢力と言われた人たちの子孫がいますよね。

北芝　いっぱいいますよ。もともと人種的には近いわけですから。
坂本龍馬が仲立ちをしたけれども、本当に嫌い合って恨み合って殺そうとしていたか、疑問も残りますね。薩長ではやっぱり薩の方がそのときは気が強かったから、やられたというきらいもありますね。

山口　僕は徳島県で育ちましたけど、親は関西弁をしゃべっていて、もともとは大阪のノリなんですね。ときどき、四国の濃い人にはついていけないこともありますよ。
高知寄りの人になると、宴席で殴り合いするとか、もっと気性が激しくなってくるんですよ。「付き合いきれないな」って思うときもあって。こいつらが刀持って、土佐勤王党だって言って攻めてきたら、京都や大阪の人だったら、引くだろうなって、思いますよ。

北芝　顔だけでも迫力ありますものね。

山口　南四国の土佐、薩摩、山口県とか、薩長土肥というのは、わりと近くて、縄文系かもしれませんね。明治維新というのも、縄文の人たちが集まって、アナーキー集団になった。
北芝　まったくそうですよ。
山口　そう考えると、幕末の戦いというのは、大和対縄文、弥生対縄文という戦いだった。
北芝　そう言ってもいいと思います。弥生対縄文の対立がまだ残っていたと言えるかもしれない。
所属する集団が戦争を始めると、どちらかにつかないといけないじゃないですか。そういう悲劇は何度もあって、闇社会でもそうですけど、Ｙ組・Ｉ会の戦い（ＹＩ抗争）って、片方が渡来系で、もう片方が被差別系、同和系だったとも言われている。
山口　なるほどね。
北芝　ちょうちん記事を書くようなライターさんとか、極道作家さんは書かないけど、文化人類学的に見たらそうだといっている人たちがいるんですね。
山口　帰化人対同和系というマイノリティー同士の戦いだと。
北芝　そうですね。だから、ＫＳという有名な人物はＩ会で武闘派の勇だったんですけど、命を狙われて危ないから朝鮮半島に逃げてしまって、今ソウルに住んでいますよ。
もともとはほぼ日本人なんだけど、国籍は韓国で、指名手配されて、韓国に高飛びした犯罪者をいっぱい知っていますよ。

山口　そうなると、どうにもならないんですか。
北芝　韓国はすぐ隣の国ですが、やっぱり逃げられてしまうとどうしようもないんですよ。
山口　引き渡し要求できないんですか。
北芝　捜査にもお金がかかるじゃないですか。大きな事件じゃない場合、経済的な理由で海外まで追わない事件があるんですよ。
山口　そういうリアルな事情で……。そこまで経費をかけて逮捕することないだろうという。
北芝　そうなんです。捕まえに行くには飛行機代もかかりますからね。

二人ともテレビ業界の低レベル化にはあきれている！

山口　ところで、僕は最近の『美味しんぼ』騒動（注　福島第一原発を取材した主人公が鼻血を出すなどの描写があったことで、福島県をはじめとする自治体や閣僚から批判が相次ぎ、小学館『週刊ビッグコミックスピリッツ』での連載が終了した）が気になっているんです。ただの漫画の表現にみんなあんなに興奮して大騒ぎすることはなかったのに、なんでマスコミはああなんだろうと。
自民党も今の閣僚も大騒ぎしていて、そのわりには「最後は金目でしょ」なんて発言をする大臣がいたり、おまえらの方が下品じゃないかと思うところがある。マスコミが現政権に対して配慮しすぎてしまうところがあるんじゃないかと思っているのが、「××××」という番組です。

僕は準レギュラーで隔週で出ているんですが、そこに出ていたタイタンの吉田たかよしさん（医師・タレント）が、自民党の党員選挙は名前を貸すことができるから、犬が党員でも投票できますと発言したら、自民党の大阪府支部連合会からクレームが来て、吉田さんが３ヶ月間降ろされて、毎週出演するレギュラーだったのが、隔週に落とされたんですね。

そんなことを自民党に言われただけで、テレビサイドは引いてしまうというのは気概がないというか、なんで喧嘩しないいんですかね。

北芝　テレビ局の社員はサラリーマン化していますからね。昔のテレビマンのような気概はないんでしょう。

今、テレビ局は制作会社に無理を言っているので、制作会社がこいつを叩こうと言ってきたら、局の社員プロデューサーは異議を唱えなくなってきていますね。

制作会社というのは、給料も安いし、仕事もきついし、ＡＤさんクラスのなり手がいなくなってきている。そうなると、何も知らない大衆と一緒ですよ。

レベルの低い人たちが現場を仕切り、局では現場には文句を言えないんですから、テレビの

板垣退助（1837～1919）は武士（土佐藩士）で政治家だった。自由民権運動の主導者として知られる。

レベルが下がるのも当然です。

山口　下請けの制作会社の社員って頭の悪いやつも多いのに、視聴者を馬鹿だと思っていたりしますよね。

北芝　視聴者は自分たちと同じ目線か、それ以下だろうと思っているんじゃないかな。

山口　彼らは本も読んでないし、常識も知らないんですよ。

名古屋の局で、ADの子に「都市伝説の走りって何ですか」と聞かれたんですね。大塩平八郎が乱のあとに死んだはずなのに生きているという説があって、奉行所がそれを否定するために死体を出して引きずり回したというのがあって、こういうのも都市伝説の一つなんだと言ったんですよ。そうしたら、真顔で「大塩平八郎って誰ですか」って聞くんですよ。「おいおい日本史で習わなかったのかよ」と思って、そういうことがかなり多いんですよ。

他にも、板垣退助は本当は「板垣死すとも自由は死せず」とは言っていなくて、「痛いから医者呼んでくれ」って言ったという説があるという話を岐阜の局でしたら、テレビ局のやつが「板垣退助って、誰ですか」って。もうコイツら常識がないのかよと思っちゃった。

北芝　そういうことが多いですね。

指示通りにしゃべらせてギャラも払わない番組

山口　「最近マスコミがおかしい」という話でいうと、以前、北芝さんにお聞きしたことがあったと思うんですが、『俺の空』の原作を5000円ぐらいでやらされたとか。

北芝　5000円じゃないですが、考えてみればものすごく安かった。当時の編集者と角突き合わせをした結果、いさかいが生じましたが、今は集英社とは大変良い関係で一緒に仕事をしています。

山口　ネタだけとって、自分の名前はテロップに入れてくれない番組もある?

北芝　ネタ出しさせて使わないのは、「アッコにおまかせ!」という番組で、先日怒った弁護士がツイッターに書いて、『サイゾー』が取り上げてましたね。

僕の場合はある番組で、女流漫画家から批評家までいろいろな人を集めて、僕は漫画原作者という肩書で出るので革ジャンにサングラスで出てくださいと言われた。夏でしたけど、びしっと決めて、局の社屋で収録して、放送されたあと、ADの女の子から電話がかかってきて、「パブリシティーでお願いします」って言われたんですよ。

要するに、ただでやってくれということだったんです。僕の場合、ネタだけ出してそれっきりとか、そんな例も多いんです。

山口　ひどい話だな。

北芝　某有名なマンガに対して、けなす雰囲気でやってくださいと言うので、こっちは「あんなものは今に始まったことではなくて、パターンとしては非常にオーソドックスだし、絵は汚い」とか、メチャクチャ言ったんですよ。

山口　そこまで言わされたんですか（笑）。まあ、振られたら言いますよね。

北芝とんでもないとか、他の人に絡まれなかったんですか。

北芝　ネットではやられたと思うんですが、今はガラケーしか持っていないんで、見ていないんです。他にもいろいろとありましたが、『月刊C』という雑誌からAKB48についてネガティブ表現をしてほしい、という依頼をされたんですが、「なんで僕に？」と言ったら、「モー娘とバラエティーに出ていたでしょ？」って。
「今、あんまりアイドル系のバラエティは関係ないです」って答えたんですが、とりあえず来てくれと言われたんですね。そのときに、ヤクザを一人連れてきてくださいと言われた。

山口　えっ？

北芝　「現役？」って聞いたら、「現役はマズイ」と言う。「やめたばっかりの人はいないですか」と言われたんで、平成19年にやめて、指がバンバン飛んでるＳＹ会出身のやつを連れて二人で行ったんですよ。
そうしたら、向こうも社員編集者とライターさんが二人で来ていて、「こういう形でコメントをいただけませんか」と言って、メモ書きを僕のところに渡してきた。そこには、ＡＫＢがどれだけドロドロの恐ろしい勢力と汚染の中にいて、僕は恐怖したという意味の内容が書いてある。ではちょっと読んでみますねって読み上げたら、そのまま載ったんですよ。

山口　えっ！　そんなことをしたら、ＡＫＢファンから集中砲火じゃないですか（笑）。

北芝　集中砲火が来ていますよ（笑）。すごいですよ。どこ行ってもメチャクチャ言われる。

コメントは制作側の意図に合ったところだけ使われる

山口　先日、僕のところに『Y』という雑誌から電話がかかってきて、妖怪のネタ出しをしてくれという。「資料提供とかで名前が載るの？」って聞いたら、「名前は載りません」だって。ある有名な先生が妖怪漫画を『Y』誌で始めるので、妖怪のキャラクター設定とか全部やってくださいというんですよ。

仕事だったらやるけどと思って、ギャラを聞いたら５０００円だという。

北芝　安いですねえ。

山口　「おまえちょっとおかしくない？」って言って、それやると2、3日はかかるから、普通は10万とか15万ぐらいとか出してくれると思うんだけど、と教えてやった。僕も当時は漫画原作者で3本やっていたから、「それ、同業者に頼むことじゃないよね？」って指摘したら、あとで編集長が詫びを入れてきましたけどね。

若手の20代の編集者だったらしいですけどね。こういうやつもいるんだなと思った。

北芝　そういう話、多いですね。

山口　失礼ですよね。この前、ひどかったのは、テレ朝系の朝の番組のスタッフから電話がかかってきて、アイフォンマップにネッシーが映ったというのがあったんですよ。

要は上から見るとボートの航跡が巨大生物に見えるというだけのネタですよ。

コメントを出してくれということで、僕は15分ぐらいで、リップサービスで言えば、巨大生物で、ジンベエザメのシルエットと似ているから、ジンベエザメと言ってあげてもいいけど、淡水のジンベエザメで十何メートルはないよね。泳いでいて波が立っていないということは、水中を泳いでいるから、軟体動物かな、巨大軟体動物の淡水バージョンがいたら夢があるよね……という話をしたら、「巨大軟体動物」って、そこだけ採るんですよ。

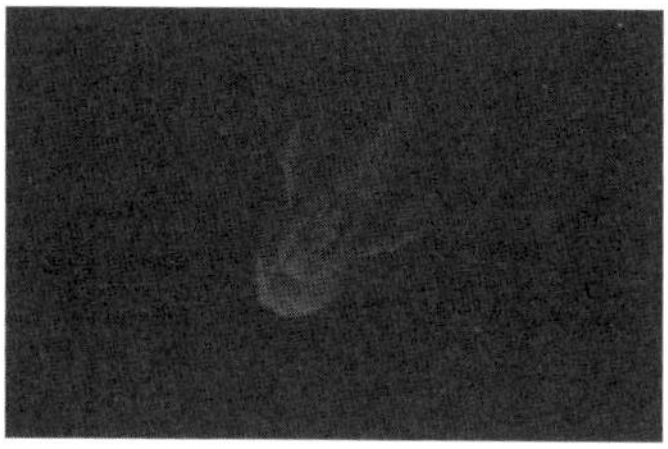

これがｉＰｈｏｎｅ「マップ」にネッシーが写ったとされる映像（ＹｏｕＴｕｂｅより）

そんなことされたら、僕って思いっきりアホのイメージじゃないですか。それが流されたら、ファンから「敏太郎さん、大丈夫ですか。おかしくなってないですか」って（笑）。

北芝　ハッハッハ。

山口　2回目に電話があって、今度は「謎の物体が中国に落下したから、コメントを出してください」という。

「これね、人工衛星の破片で、宇宙にいっぱい飛んでるのが落ちてくるんですよ。大気圏で焼けているんでしょ」って言ったら、「そんな夢のないこと言わないでくださいよ。たとえば、未来人とか、言ってくれませんか」と言われて、「では、百歩譲って、空想的な話だけど、未来人のタイムマシンだったら夢がありますね」ってコメントしたら、「タイムマシンだ」って放送されてた。

北芝　ハハハ……。

山口　朝から、頭おかしいやつだと思われてしまいますよね。

北芝　そういうこと、ありますよ。

第4章

二人が出会ったヤバい幽霊たち

「殺した女が化けて出る！」と留置所で絶叫する殺人犯

北芝　防水工でサイトウというやつがいるんですよ。ビルの現場や建築現場で腕のいい防水の職人としてやっていたんですね。

銀座に座るだけで何万というお店があって、そこに、23歳と言っていたけど、実は26歳のすごくきれいなホステスがいたんです。サイトウがこれに入れ上げてしまって、給料はつぎ込むわ、ボーナスはつぎ込むわ、おふくろの貯金を持ってきてつぎ込むわ、前借りはするわで、もうどうにもならなくなった。

その女が「ラブホテルは嫌よ。一流のホテルじゃないとセックスしない」と言ったんで、某高級ホテルに宿泊したときに、「俺は金がなくなった、もうおまえに良い夢見せられない」と、セックスのあとに言った。そうしたらね、女が「だったら、終わりだわ」って言ったんですね。

山口　ああ。

北芝　セックスしたあとだから、ほてりもあるし、その女の陰《ほと》にも執着があるので、またしようとしたら、女が突き飛ばした。それで、「このやろー、こんなに俺を破滅に追い込んで」って、首を絞めて殺してしまった。
そして、女を全裸で部屋に残したまま、着衣して逃げたんですよ。逃げられると思ったんでしょうね。

山口　はあ。

北芝　酒を飲んで、行く先々でへベレケになって、どこかの警察署に行って、「いま俺は女を絞め殺してきた」って言ったら、「酔っ払い、帰れ」って、あちこちで言うことを聞いてくれなかった。

結局、築地警察で捕まるんですが、そのとき宿直の刑事が僕だったんです。

山口　へえ。

北芝　それでみんなでホテルに行ったら、世にもきれいな女が横たわって死んでるわけですよ。そのあと、まだ若い刑事だった僕は、宿直だから留置所まで犯人《ホシ》の顔を見に行ったんですよ。殺したばかりのやつって、どんな顔しているんだろうと思って。

行ってみたら、僕も知ってるサイトウだった。「どんな感じ？」って聞いたら、「まだあの女が忘れられないっす」なんて言っているんですよ。

それで、宿直だから、夜中も見回りしないといけない。首吊ろうとするとか、頭をガーンとやって死のうとするとか防がないといけませんからね。

だから、殺人犯をときどき見て来いって言われるんですよ。それで深夜に行くと、寝ているんですけど、「オー、ウォー」って、すごい声を上げるんですね。同房者が「これ、どうにかしてよ。さっきからこれなんだよ」って。「おいおい」って起こして、「どうしたの、サイトウ?」って聞いたら、「あの女の顔がここまでくる」って。それ聞いたとき、「殺したばっかりのときって、女が化けて出るんだな」って思いましたよ。

殺人犯を怯えさせて自首させた幽霊

山口　僕の同級生が高校時代に殺されて、徳島新聞に載ったんですよ。幼稚園の頃から一緒だった女の子で、高校デビューでヤンキーになって、チンピラの悪い男と付き合っていた。首を吊ったように偽装されてたんだけど、実際は他殺だとすぐばれて、男は九州の方に逃亡したようだった。行方がわからなかったんだけど、そのうち、「つめた川」(水が冷たいことから名づけられた)という川沿いに、首にロープをつけて引きずる女の幽霊が出始めたんですよ。

北芝　へえ。
山口　その同級生の女の子が、殺された現場からつめた川沿いに、彼氏の家まで歩いているらしいんですね。毎日ちょっとずつ歩いていって、１週間ぐらい噂が続いて、僕ら地元で、まして同級生なんで、「こりゃあ、あいつ、出ているな」なんて話をしていたんですよ。で、彼氏の家にもうそろそろ着くなというときに、男が九州で自首したんですよ。
それも徳島新聞に載ってて、殺した彼女が夢に出るからもう我慢できないということで、自首したって。やっぱ、出るんだなというのは思いましたよね。
北芝　そう、出るんですね。全世界的に、川っぷちとか、湖とか、溜め池なんかに出るというのは、根拠がばっちりあるんですよ。水の分子と電気の二つがあると、それが栄養になって彼らは出られるんですね。
山口　この前、タイで外国人の幽霊を見ましたけど、怖かったです。
夜中に目が覚めたら、カミさんは寝てたんだけど、真ん中におばあちゃんが立ってた。１７２～１７３センチぐらいで痩せてて、手に薄いショールのようなものを持っていて、髪の毛をひっつめて、わりと品のいい白髪のおばあちゃん。
僕は、認知症の老人が入ってきたのかと思って、「おばあちゃん、フロントに行こうか」と言おうと思って、立ち上がったら、下からスクリーンが巻き上がるように目の前で消えていったんですよ。そこで寝てしまうと夢だと思ってしまうから、そのまま起きていたんですよ。
どうも幽霊が出ると噂のあるところだったみたい。

北芝　バンコクじゃないですか。僕も大学生のときに見ましたよ。バンコクのものすごくいいホテルで、下にクラブのようなレストランがあって、英国軍がずっと使っていたんですね。

山口　川沿いのところじゃないですか。

北芝　どうだったかな。すごくデカいホテルで、アマリンだったかシャングリラだったかな。

山口　シャングリラには食事に行きましたよ。すごくよかったです。

北芝氏の母親は「予言者」だった！

北芝　学生時代にバックパッカーをやっていて、僕と同じ大学のボクシング部出身の中村君というのがツインの部屋に泊まったんですよ。そのときに、腹減ったなと言って、一番安い街道沿いの現地の人が食うメシを食いに行こうといって、ホテルの部屋から出たら、金髪の女が廊下の角を曲がろうとしていた。

「うわ、いい女だな」って思って。二十歳ぐらいですから、もう目がハートマークになって、「うわ、いい女だ、外人だぞ」なんて言っていたんです。まあ、バンコクは白人が多いんですけど。

山口　ハハハッ。

北芝　ナンパしようと思って、角曲がって、追いついたらいないんです。それから、次の日も見たんですよ。いい女なんです。

山口　同じ女なんですか。

北芝　同じ女で、同じ服着てて、ハイヒールも全部一緒。それで、フロントに「俺らの泊まっている階にこういう女がいるんだけど、なんていう人ですか」って聞いて、「できたら、つないでくれない？」って言って、バーッをあげたことがある。

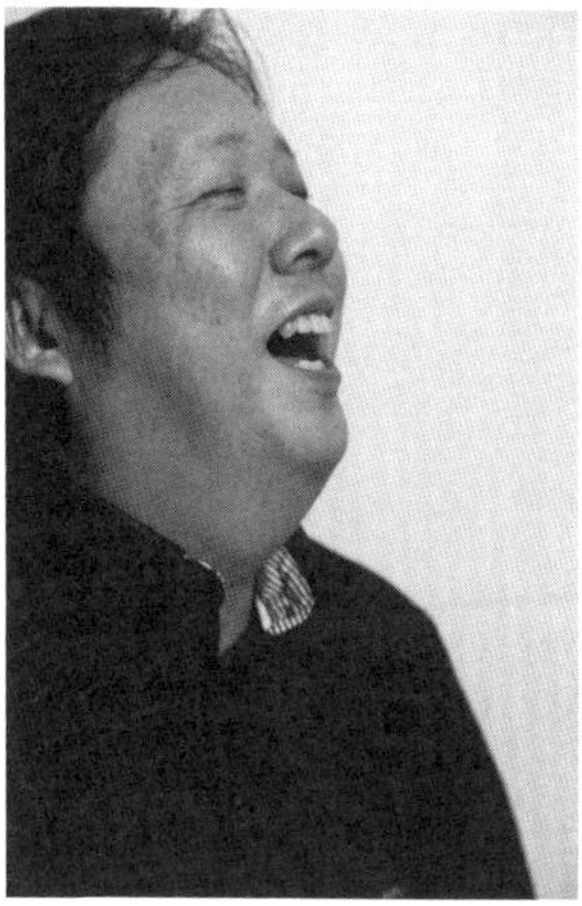

そうしたら、受け取ったのに、「それゴーストですよ」と言うから、ちょっと待てよ、と。「ゴーストだったら無理じゃないか、おまえ」って怒ったら、「本当にゴーストなんだ」っていう。その情報をあげたんだから、インフォメーションの代金としてお金はもらいますという。「チキショウ、アジアでも外人ってこうか」って感じ。「あの廊下、全部出るんですよ」って言う。「前にいたの？」って聞いたら、「あの階で死んだんです」と言ってた。

山口　警察の現場でもそういうことはあるんですか。

北芝　警察の現場はホントに出ますね。年中出るんですよ。信じないやつは信じないですが、やっぱり信じざるを得なくなってしまうときがありますね。

山口　お医者さんとか、警察官とか、結構見ているんですね。

北芝　見ますね。うちのおふくろは霊感が強くて、怖くてしょうがないって言ってた。

山口　やっぱり死者が動いているんですかね。

北芝　おふくろは東京女子医大を出たんだけど、勘が強い人で、学生時代、解剖やらされるときに、怖くてしょうがないんだって。ホルマリン漬けの死者を解剖するじゃないですか。終わったあと、ちゃんと縫っておくんだけど、1回解剖を休んだことがあった。

それで自分だけ解剖の部屋に行って腕だかを取り出して1回ちゃんと解剖して、自分で図を描いて戻しておくというときがあった。今はあんまりできないけど、昔はそういうことができたんですね。終わったあと、鍵をかけて出てきたから大丈夫だと思っても、その死体が通り抜けてくるんですって。

山口　えっ？

北芝　ずーっとついてくるので、東京女子医大の病院から出ようとするときに走ったんですって。扉を急いで開けて、すぐ飛び出したら、その幽霊は建物からは出られなかったそうなんです。

山口　へえ。

北芝　鍵を返して真っ青になって帰ったって。

山口　霊は何か言いたかったんですかね。

北芝　いや、見えるやつというか、感じるやつのことは向こうもわかるみたいで、うちのおふくろは見えることを気づかれてしまった。

もっとひどいのは、うちのおふくろが親父と結婚する前で、東京女子医大の2年生で19歳だったときの話。うちの親父はだいぶ年上で、医者になってブイブイ遊んでいた頃です。

出会って銀座でデートして、コーヒーを飲んでいたときに、未来が全部見えたと言うんですね。「お父さんを通して自分の未来が死ぬまで全部見えたの」って言ってました。

山口　へえ。

北芝　この人と結婚して、この人の子供を二人産んで、ああでもない、こうでもないって、病院作って、最後は死ぬところまで、全部話してくれた。「子供によくそんなこと話すね」って言ったんだけど、「ちゃんと言っておきたいから」って。それで、その通りに死にました。

山口　えっ、全部的中したってこと？

北芝　的中したんです。

山口　へえ。

北芝　親父の求愛を受け入れて、19歳で妊娠して出産したんですよ。女子医大生ですから、同級生はみんな女。

　子供（つまり、私）をおぶって、全然泣かない子供だったらしいんだけど、授業受けて、解剖のときだけ、おじいさんおばあさんに預けていたという。

山口　北芝さんはおぶられながら授業に出ていた？

北芝　赤ん坊のときに医学部の授業に出ていたんです。胎教の意味もあったんでしょうね（笑）。

　それで、うちのおふくろは19歳の1年のうち10ヶ月ぐらいを妊娠と出産に使ったんですけど、予定通りの年数で卒業して、医師免許を取って、しばらく医者やってて、研究心がすごく強かったのでそれから慈恵医大に入って、医学博士を取ったりしていたんですね。

山口　はあ。

北芝　それでも霊感は続いていて、ある日、親父がおふくろにあの先生のところに電話をかけてくれよと頼んだ。おふくろが電話をかけるのを見ていたら、向こうでは呼び出し音が鳴ったら、すぐに「ああ、いないわ」と言った。親父は1回鳴らしたぐらいじゃわかるもんかと言い返していた。

おふくろの話では、西日が射していて、電話機が踊り場に置いてあって、籐《とう》のスツールの上にあって、白い麻布がかかっていて、そこから先の階段を登っていくと、デカイ白磁《はくじ》の置き物があるということだった。

親父はその場所を知っていたんだけど、おふくろに見たイメージをスケッチさせて、それを画用紙に改めて描いた。僕はその画用紙とお菓子を持たされて、親父と一緒に八王子のその医者のところに行ったんですよ。

家に着いて、中に通されてみたら、家具まで全部ぴったりおふくろの描いた通りだった。写真を撮ったみたいな絵だった。

山口　へえ。

北芝　「おまえのお母さんって、こうだからな」って親父が言うわけですよ。

山口　お父さんはいつものことだから、あまり気にしていないんでしょうね。

北芝　最初は衝撃的で、気持ち悪かったですね。

山口　医者はいろいろな患者の病気を見立てるじゃないですか。そういうことをやっているうちに、どんどんいろいろなことが見えてくるんですかね。

北芝　そうみたいですね。うちのじいさんが東北大学の医学部を出て、医師免許証を取ってすぐにスカウトされて、北海道の夕張炭鉱病院に行ったんですね。

それで、往診に行くんですが、腹膜炎《ふくまく》のように切らないといけない場合もずいぶんあったんですよ。冬にアイヌの集落に行ったときに、患者を車に乗せたあと、途中で猛吹雪に遭って、谷底に落っこちてしまうからこれ以上運転できない、病院まで行けないと看護婦が言った。

それで、近くの家に行って、じいさんが七転八倒している患者の腹を押さえて手当てしていて、朝まで持たせたんですよ。

山口　へえ。

北芝　翌日車に乗せて、病院に行って、手術したんですけど、腹膜炎が一昼夜持ったんですよ。他にも、往診していて、その場で応急処置をして、痛みを取ったりとか、そういうことをうちのじいさんはやってましたよ。

山口　よく「手当て」って言いますよね。それで抑えたわけですか。

北芝　まさに手当てですね。手を当てて、病状を固定させてしまう。

山口　それはすごいですね。

北芝　うちのじいさんは１８７センチ、１２０キロの体格なんですが、そのあと、体力を使ってしまったから、食欲が出て、ものすごくメシを食うようになった。「ああ、そういうことなんだ」と思いましたね。

惨殺死体に犯人を教えてもらった話

山口　刑事が霊能者の力を借りるようなことは、頻繁にあるんですか。

北芝　実はよくあるんですね。刑事課でも警備課で公安外事やっている人でも、刑事は表向きそれを信じていることは口に出しません。でも仕事を外れたら、奥さんが実は拝み屋さんだったという人もいる。

親戚に拝み屋さんがいて、ちょっと頼むよって言って、「ロク（死体）どこに埋まっているの？」と頼んだりする。

山口　当たるんですか。

北芝　当たりますね。僕も刑事になったとき、最初は刑事課の見習いで、惨殺死体を見て、

「これは、わからないな」というのがあった。鑑識も来ているんだけど、なんでこんなになってしまったのか、鑑識もわからない。

そのときに、**「頼むよ」って感じで、死体に話しかけるんですよ。そうすると、なんとなく死体の表情がゆるんだような感じがしてね。**

山口 へえ。

北芝 じゃあ頑張ろうなんて思って、次の日に、考えを巡らせながら新橋の駅前でパチンコをやっていたんですよ。捜査をやっていたって、行き当たるとは限らないんで。そうしたら、**隣でパチンコ打ってたのが惨殺事件の犯人だった。**

山口 えっ?

北芝 信じられないですよ。

山口 その人が犯人だって、なんでわかったんですか。

北芝 似顔絵や写真を持っていたんで、横を見て、こいつしかいないだろうと。

山口 そんなに似ていたんですか。

北芝 ええ。似ていたし、絶対にこいつだと思った。

山口 上司はびっくりしたんじゃないですか。

北芝 びっくりしましたよ。

山口　なんでわかったのかと？

北芝　偶然だと思っているんですよ。

山口　たまたまラッキーだったと……。

北芝　それで、写真をしまって、わあ！　って、いきなり飛びかかったんですよ。一緒に床に倒れて、「おまえ、このやろー」って……。

それで、名前を呼んだら、「だからどうしたんだよ」ともう認めているわけなんですよ。それで引っ張ってきたということがありましたね。

山口　２０１４年の春に小栗旬君が主演した「ＢＯＲＤＥＲ」というテレビドラマが放送されましたね。刑事なんだけど、死者と会話ができて、霊と交渉しながら事件を解決していく……。あれは、まんざら嘘ではない？

北芝　ありうるでしょうね。警官は全国27万人いますからね。一人や二人、いやもっといるでしょう。

山口　では、刑事の勘というのは、ひょっとすると、霊感に強い人のこと？

北芝　霊感に近いですね。まあ、一年も捜査をやると、似たような勘はつきますよね。

捕まらない犯人には強力な憑依霊がついて逃がしている？

北芝 毎回といってもいいぐらいに、宿直の朝には変死体が出るんですよ。

山口 そんなに出るんですすか。

北芝 捜査をして、6日にいっぺんは寝ずの番をして、朝仮眠室にちょっと潜り込んでいると、「変死体が出たから行け！」って言われるんですよ。

若い刑事だったから担当が何でも行かざるを得ない。麻薬担当であれ、スパイ担当であれ、殺しの担当であれ、変死体が出たら行くんですよ。

山口 死んだはずの女が出てきたという話を本にも書かれていましたね。

北芝 それは僕の体験ではないですけどね。小さい女の子が車にはねられたんです。そのときに母親が一緒だったので、こういう状況だったと母親が届けてきた。

轢《ひ》いたやつは逃げたんですけど、捕まった。それで、交通課のひき逃げ捜査の担当者が、事件当時「おふくろさんが一緒にいただろ、おまえのナンバーも読まれているよ」って言ったら、「誰もいませんでしたよ」って答えた。

「あの女の子が飛び出したから、轢いてしまったんです」と言う。そんなわけないだろうって、調べたら、確かに母親は死んでいたんです。

山口　でも、そのお母さんから話を聞いているわけですよね？

北芝　聞いているんですよ。

山口　まさか死んだ人だとは思わずに捜査をしていた？

北芝　だから、**3次元の映像をそのひき逃げ捜査の刑事は見ていたわけなんですよ。**

山口　はあ。

北芝　そういうことがたまにありますね。

昔、当時の学研のすぐそばにテニスコートがあって、朝7時ぐらいからテニスをやっていたんですよ。それで、白人のおじいさんが電柱のそばでよく見ているんですよ。

金持ちの弁護士がいて、そいつとやっていたんだけど、こっちはテニスが下手だから、ホームランやって、馬鹿にされていた。白人のじいさんが見ているから、どうも硬くなってできないとこぼしたら、そんなのいないだろっていう。いるだろって言い返したら、いなくなってしまった。

山口　おお！

北芝　そういうことが何回かあったんですよ。白人の幽霊で、テニスが好きなやつがいて、朝7時から見ているわけ。もう夏は朝7時で太陽さんさんなわけですよ。

ああ、こんな状況でも幽霊って出られるんだなと思いましたよ。普通、朝には消えてしまうんですけどね。

山口　ところで、凶悪犯罪を犯すやつは憑依《ひょうい》されている可能性はあると思いますか。

北芝　あるでしょうね。絶対にこいつはやらないだろうと思うやつが犯罪をやって、射殺されるか、自殺するかでこっちの施設（警察）や医療機関に身柄が戻ってくる。それで脳を調べると腫瘍ができていることも結構ある。

山口　へえ。

北芝　急に人格が変わったけど、解剖しても何も出てこなかったという場合は、憑依されたのかなって、冗談で言いますけどね。それはあるだろうとみんな思いながら、刑事たちは冗談にして言うんですよ。

山口　内心、そういうことがあるかもしれないと思っている？

北芝　そう思っている人が多いと思いますよ。刑事《デカ》の中にも特殊な能力を持っていたのはかなりいるから。

山口　完璧な犯罪を犯して、捕まらないやつっているじゃないですか。ああいう人間というのは、守るものが強くて、警察の捜査網から逃げていくんですか。

北芝　かもしれませんね。「打ち込み」って言って、住んでるところを何回も急襲するんですけど、毎回逃げてしまっているやつがいるんですよ。

先ほど触れた福田和子（注　1982年に殺人を犯した後、1997年の逮捕まで逃亡していた強盗殺人犯）がそうでした。14年と数ヶ月逃げたじゃないですか。

山口　和菓子屋の奥さんに収まっていて、チャリで逃げたとか……。

北芝　前の旦那との間にできた子供を呼んで、すぐそばに住まわせていた。あれは、守る者がいたやつの強さなのかなって。

山口　偶然にしては運が強すぎますよね。

北芝　約15年間も逃げるなんて、普通じゃないですよ。

六本木にはいつも美女の幽霊が座っているカフェがある

編集部　先日お目にかかったときに、六本木の必ず幽霊が現れるカフェの話をされていましたね。あの話を詳しくお願いします。

北芝　先日、『ＳＰＡ！』のチームで行ったんですが、終電まで粘っても来なかった。そのカフェに、女の幽霊がよく座っている席があるんですよ。

どんな女かというと、20代の白人の女で、ケイト・ベッキンセイルというイギリス出身の女優にそっくりなんです。その女の幽霊はちゃんとしゃべって、オーストラリアのパース出身だと言うんです。名前はボニー・ジョンストンというから、イギリス系の人ですね。

編集部　誰にでも見えるんですか。

北芝　遭遇すれば、誰でも見えるし、しゃべれる。店の中に入っていくと、ボックスが二つあって、奥から二番目の席で、会えるとしたら夜10時半頃に座っているんです。ちょっと天気が悪くて湿度が高そうな、小雨が降るか降らないかという感じの天候のときに出やすいですね。

僕はその霊と関係を持った人を４人知っているので、その話をしましょうか。

僕が知っている最初の人は有名な建築家の孫弟子で、早稲田大学の建築学科を出た一級建築士です（Oちゃんとしておきます）。

山口　幽霊とホテルに入るときにフロントの人はその女が見えるんですかね。

北芝　見えないんです。だから、男が一人で入って、そこはラブホテルじゃなくて、麻布十番のビジネスホテルなので、ウソの名前と住所を書いたんですが、防犯カメラには撮られている。

鍵をもらって、エレベーターで昇って、泊まってセックスした。何回もやってヘトヘトになって、朝に目を覚ましたら女はいない。
トイレ、バス、クローゼットを見てもいない。それで、フロントに電話をかけた。彼はぞんざいな人なので、「あのパンスケがどこに行ったか知ってるだろ？　連絡先教えろよ」みたいなことをフロントに言ったら、そういうホテルじゃないと言い返された。その人は女遊びをする人で、五反田の設計事務所にいるんだけど、好みの女しか採用しない。

美女の霊とセックスしたら夢は叶えてくれたが、目が見えなくなった

編集部　『異人たちとの夏』という山田太一さんの小説では死んだ人と愛し合っているうちにどんどんやつれていくんですが、幽霊とヤっているとだんだん精気を奪われて、げっそりしてきてしまうということはないんですかね。

北芝　先ほど話した建築家のＯちゃんは銀座に自社ビルを持つと豪語していて、ややほら吹きなんですが、頭が良くて外国語ができる。そのボニー・ジョンストンとも全部英語で会話したと言っていた。

彼は銀座に小さなビルがあって、そこのオーナーになりたくてしょうがなかった。ところ

『異人たちとの夏』は山田太一作の小説で、映画・演劇作品も製作されている。妻子と別れた人気シナリオライターはある夏、亡くなった彼の家族と再会し、年若い恋人との奇妙な交流が始まる。山本周五郎賞の第1回受賞作品。写真はＤＶＤのジャケット

が、その幽霊女とセックスした1ヶ月後に、そのビルのオーナーが売ってもいいよと言ってくれて、その銀座のビルのオーナーになることができたんです。だから、願望が叶う幽霊なんですよ。

山口　「あげまん」の幽霊なんですね。

北芝　うん。でもあげまんかと思いきや、日没頃から夜になると、だんだんと目が見えなくなった。

灯りを点ければ見えるんだけど、薄暗いところでは壁を伝って歩かないといけないぐらいに目が見えなくなった。

山口　夜盲症《やもうしょう》ですね。

北芝　いろいろと眼科に通ったんですが、全然治らない。結局、**暗いところで見る目の機能をボニー・ジョンストンに持っていかれてしまったんです。**

山口　ビルと引き換えですか。

北芝　引き換えです。ビルが１ヶ月後に手に入って、そのあとすぐに夜には見えなくなってしまった。だから、夜飲みに行けなくなってしまったんです。

ピカピカに明るい店を探して、飲みに行ったりしていますよ。だから、夜に女と遊ばなくなってしまった。

山口　それは不自由ですね。

編集部　北芝さんは大丈夫ですか（笑）。

北芝　僕はボニー・ジョンストンとは関係しそこねたので、大丈夫です。あのときは、夜半からフジテレビの湾岸スタジオに行って、一人だけのビデオ撮りの予定があったんですよ。

10時半にカフェに入ってしゃべったけど、どうしようかなと思った。いくらも時間がないし、連れ出してセックスすると、フジテレビに間に合わなくなりますからね。

「またね」なんて言って、出てきてしまったんです。だから、結局何もなかった。

でも、そのあとにOちゃんが行って、ヤってしまったんです。フロントに電話して、「一緒に入ってきた女はなんていうんだよ？」「どうやって連絡したらいいんだよ？」「おまえ知っているだろ?」って詰問したら、フロントの答えが、「お客様はお一人様でチェックインされました」と。

そんな馬鹿なことはないだろって、真っ裸の上にバスタオルを羽織った状態で財布だけ持ってフロントに駆け降りた。そして、「一緒に女がいただろう?」と言っても、「知らない」と言い張る。

「じゃあ、防犯カメラの映像見せろよ」と言ったら、「上の人間に確認しないといけないから、お見せできない」と答えるんですね。

財布から数万円出して、これでどうだと言って握らせたら、「はい、どうぞ」って。それで再生して見たら、確かに自分しか映っていないんですね。

でも、体液が流れてシーツには染みがあって、陰毛も残っていたっていうんですよ。

アメリカ赴任の夢は叶ったが、腎臓を一つ失った!

山口 そこに行けばまた出るんですかね。
北芝 その話を聞いて、行ったやつがいる。一流大学を出てMBAを持っている外資系銀行の日本人職員なんですけどね。
そいつはイエロージャップとか言われて差別されてきたから、アメリカの銀行に行って、白人の女の秘書付きの個室をもらうのが夢だった。
それで、Ｏちゃんがヤったと聞いて、俺も行くと言い出したんです。そして会って、セックスした。
１ヶ月ぐらいしたら人事異動で、アメリカ勤務になった。

山口　そこまではよかった。

北芝　秘書は金髪がよかったと言っていたけど、それは叶わなくてブルネットだったけど、白人にはちがいないとか、細かいことを言っていた。ただ、向こうに着いたとたんに、腎臓が片方機能しなくなってしまって、いまだにずっと通院しているんです。

山口　怖いですね。寝ないで起きていれば、その女が消える瞬間がわかるんですかね。

北芝　でしょうね。誰も朝の光の中では見ていない。
朝になると消えてしまう。だから、日の出とともに消えてしまうと思うんですよ。

山口　日の出の瞬間にどうなるかですね。

北芝　見たいものですよね。

山口　でも、「牡丹灯籠《ぼたんどうろう》」のように、第三者が見たら、エアセックスしているんですかね？

「牡丹灯籠」は中国明代の小説集『剪灯新話』に収録された小説『牡丹燈記』に着想を得て、三遊亭圓朝が落語の演目として創作した怪談噺。『牡丹燈記』は若い女の幽霊が男と逢瀬を重ねたが、男は女が幽霊であるとわかると幽霊封じをしてしまう。女の幽霊は男を恨んで殺すという話だったが、圓朝はこの幽霊話をアレンジし、仇討ちや母と子の再会など、多くの事件を加えた一大ドラマに仕立て上げた。1892年には「怪異談牡丹灯籠」として歌舞伎化され、演劇や映画にもなっている。図版は月岡芳年『新形三十六怪撰』より、「ほたむとうろう」。幽霊になったお露が、後を追って死んだ下女とともに、牡丹灯籠を手にして新三郎のもとに通う場面

北芝　でしょうね（笑）。

山口　それって、かなり悲しい光景ですね（笑）。

大学教授は幽霊とセックスした後、脚が悪くなった

北芝　その次は某有名服飾メーカーの社員で、バイで、男とも女とも寝るやつです。

山口　幽霊とも寝るんですね。

北芝　トリプルですね（笑）。彼の野望はなんだかわからないんですが、ボニー・ジョンストンと関係して、それでどこか取られたんですよ。でも、言わないんです。
　その次に、某難関国立大学の経済学部の教授がいて、筋肉自慢で、本郷の大学に通うのに自転車で来ていたんですよ。カラオケのうまいやつなんだけど、そいつが４番目に関係した。ところが、理由は言わないんですが、自転車で通勤できなくなってしまった。

山口　脚ですかね。

北芝　脚でしょうね。服飾メーカーのやつも某難関国立大学の教授もどこか取られているはずですが、言わない。

山口　体のパーツを持っていかれてしまうんですね。手塚治虫の『どろろ』みたいですね。妖怪を退治すると体の一部が戻ってくる。

北芝　そうですね。僕の知っている限り、４人の男と関係して、二人はどこを取られたかわかったけど、願望も叶った。ただ、あとの二人は言わない。

山口　その後、新たなチャレンジャーはいないんですか。

北芝　僕は何回も行っているんですが、なかなか会えないんですね。

山口　霊能者でも行かせましょうか。

北芝　いいですね。

『どろろ』は手塚治虫による少年漫画作品で、ＴＶアニメ、実写映画も製作された。戦国時代、少年・百鬼丸は不思議な声に導かれるまま、自分の体を取り戻す旅に出る。旅の途中、数人の大人にいじめられていた泥棒の子供・どろろと出会う。２００７年には実写映画化された（写真）。

幽霊が3次元に来るときに肉体が古くなるので、血や肉や骨を求める

北芝　その４人の男が揃っていろいろな霊能者に聞きに行ったんですが、同じこと言われたんです。あの世とこの世の間に「幽明界《ゆうめい》」というニュートラル・ゾーンがあって、そのボニー・ジョンストンはそこの住人なんだと。

幽明界は、幽冥界ではなくて、そこに行くと映像の世界なんだって。そこに帰っていくときには実体がなくなっているんだけど、３次元世界に戻りたくてしょうがない。というのも、美貌があるから行ったら男にモテるから。

それで、何かについてオーストラリアから日本に来たんだろうって。幽明界に戻ったときは実体がなくなるから大丈夫なんだけど、３次元に来るときは、肉体がどんどん古くなっていくから、血とか肉とか骨が欲しいんだって。

それで、**男とセックスすると、実体を取ることができる。セックスしているときにエネルギーを取るんだって。**

山口　「スペースバンパイア」という映画みたいな感じかもしれませんね。吸血鬼かと思ってしまいましたよ。

北芝　あの映画では、フランスの女優が精気（ライフフォース）を吸い取っていましたが、似ていますね。ヨーロッパでも、ああいう伝説はいくらでもあったのかなと思いますね。

山口　そういう化け物が昔からいたんでしょうね。

北芝　考えてみたら、ボニー・ジョンストンは、オーストラリア人と言っても、もともとはイギリス系のヨーロッパ人じゃないかと思うんですよね。３次元世界になんで出てくるのかというと、やっぱり楽しみたいんですよね。３次元世界には実体があるから。

山口　僕も何度か見ていますけど、幽霊って意外と生きている人と見分けがつかないことが多

「スペースバンパイア」は、1985年にイギリスで製作されたSFホラー映画で、原作はコリン・ウィルソンの小説『宇宙ヴァンパイアー』。宇宙から飛来し、生命エネルギー（精気）を吸い取る吸血鬼（吸精鬼）は、相手の理想に合わせてその姿を自由に変えることができる。写真は英語版映画のポスター

いですよね。消えるとわかりますけど。

北芝　交番にいたときに、交通事故で人を轢いてしまったと名乗り出たやつがいるんですよ。どこだと聞いても、轢いた跡がない。車を調べても何の痕跡もない。「なんでしょうね？」なんて聞かれたんですが、面倒くさいから「いいですよ、行ってください」って答えました。そんなこともありましたよ。

山口　僕の友達なんですけど、京都から滋賀に出る山道があって、カーブが多いんですね。たらたら運転していると、追い抜いていった車があって、飛ばしているなと思ったら、それが谷に落ちてしまったらしいんですよ。

近くまで行って「大丈夫か」と聞いたら、「助けて！　警察に電話して！」と言う。だから、「わかった、待ってて」と言って、麓《ふもと》まで下りて電話した。

「何番目のカーブのところで、こんな感じの車が落ちて、人が声を上げているはずだから助けに行ってあげてくれ」と言ったら、「またあんたか！」と怒られた。「毎晩毎晩そんな電話してきて、またおまえか！」って言われたんだって。

「どういうことですか。僕はさっき初めて事故を見たんですけど」と言ったら、「毎晩毎晩そこで事故ったという電話ばっかりで、迷惑なんだよね」って、ガチャッと電話切られたんですって。

北芝　そういうこともあるでしょうね。

ヤっている最中に女が憑依された！

山口　幽霊とエッチすると、ずいぶんと気持ちいいとか言われますよね。

北芝　実体がある幽霊だから、体温はあるし、セックスしたときに股間から体液を流すんだって。

山口　幽霊とエッチした人に聞くと、生きている人間より貪欲で、何回も求められるし、気持ちいいらしいですね。ヤっている最中に幽霊かなと気づくと、正体を現すらしいんですが、気づかないとそのまま普通にヤれてしまうとか。

北芝　渋谷の道玄坂のラブホテルのある部屋にも幽霊がいるところがあるんですよ。すごく高い部屋で、休憩料が３時間１万２０００円もするという。

山口　高いですね。

北芝　デカイ和風の旅館で、ヒノキの風呂があって、きれいな畳があるんですよ。誰が行っても必ず出るの。

山口　ヤっている最中に見に来るんですか。

北芝　ヤっている最中に女に憑依してしまう。そうすると、女は顔が変わってしまう。

女を上に乗っけて、騎乗位でヤっていると、女が変わってしまって、急に貪欲になってしまう。まあ、僕も一回経験があるんですけどね（笑）。顔が怖かった。

山口　それは怖いですね。ヤっている最中に人格が変わるんですね。

北芝　何年も前のことですけど、そのことを『ＳＰＡ！』の女性ライターに言ってしまったら、編集長が取材してこいということで、カメラマンと一緒に話を聞きに来てしまったんですよ。どうだったのかと聞かれて、ああだったこうだったとイラストを描いて説明したんですね。

ミルク色の人体みたいなのが斜め上から降りてきて女の中に入ってしまって、そうしたら急に顔色が変わって、ギャーギャー言い出して、ヤバいと思った。そのまま掲載されてしまったんですよ。あれはマズかった。

山口　ハハハ。この前聞いた話で、名古屋の太鼓橋にある元遊郭のところがホテルになっていて、そこに行くと、昭和初期の遊女の幽霊が化粧して出てきて、ヤらせてくれたり、寝ているとポコチンを触ってくるというんです。幽霊だと思ってはね除けると薄っぺらくなって箪笥《たんす》の後ろに隠れるという。

その話は、コメディアンの桜金造さんがずっと前からしゃべっていて、「隙間女」と言っていた。どこなのかなと思っていたら、作家の竹内義和さんがそういうことを言ってて、ようやく太鼓橋の元遊郭の旅館だと特定できたんですね。

そこは、一般人もいっぱい行っていて、遊女の幽霊とエッチしているようですよ。

北芝　いいですね。でも怖いですね（笑）。

北芝氏が人や物がテレポーテーションする理論を解説する

山口　去年、うちで奇妙なことがありました。「ココア」という15歳のシーズー犬を飼っているんですが、もう老犬なんで、足腰が弱っていて、2階から降りてこられない状態なんです。2階に妹犬が2匹いて、計3匹いるんです。それで、カミさんと仕事に行って、その帰りに市川市（千葉県）でお祭りをちょっと見物して、予定より30分ぐらい遅く帰宅したんですよ。そうしたら、妹犬2匹はいたのに2階にいるはずのココアがいないんですよ。2階から降りられないので、窓から落ちたのかと思って窓の下を見てもいない。

押入れの中のものを全部出して探してみたけどいなかった。家の中を全部探しても見つからないから警察に電話しましたよ。2階の密室状態にいた犬が消えていなくなりましたって言って。

おまわりさんも一緒に探してくれて、どうして消えたんだろうかと話していた。そうこうしていたら、少し遠いところなんですが、たまたまうちの近所の娘さんが嫁に行った先の町内でココアを見つけてくれて、連絡してくれたんです。

それで翌日会うことができた。彼女によると、外の道路際に立っていたと言うんですね。それも不思議だったんですが、それから半年ぐらいして、外が大雨のときに、またココアがいなくなった。

カミさんと家の中を探していたら、突然現れたんです。ところが、体が半分だけ濡れているんです。部屋の中にいたはずなのに……。

北芝　そういうことって、たまに起きますよね。よく言うのは、ありえない時代にありえない人がポンと来る。今は21世紀じゃないですか。この時代に昔の人がポンと来て、しゃべって帰るというか、消えていくんですよね。

友人にそれはなんだろうと聞いたことがあるんですよ。僕がヨーロッパにいたときに知り合った人なんですが、日本に来たときに図解して説明してくれた。

みんな時間は直線状に流れているように思っているけど、本当は違っていて、グニャグニャにくねっている。その時間の曲線がところどころくっついた状態になっていて、何かエネルギーが作用すると、ピュッと来る。だから、時代をひとまたぎできるんだと（次ページ図解参照）。

どういう理由で起こるのかと聞いたら、たとえば、どこかで爆発とかがあると、その爆風の勢いでその境界が破れてしまって、トンネルを通過して、パッと入ってくるということが起こるようです。それで、そのトンネルが閉じる前にその場に行くと、だんだん消えていくのが見

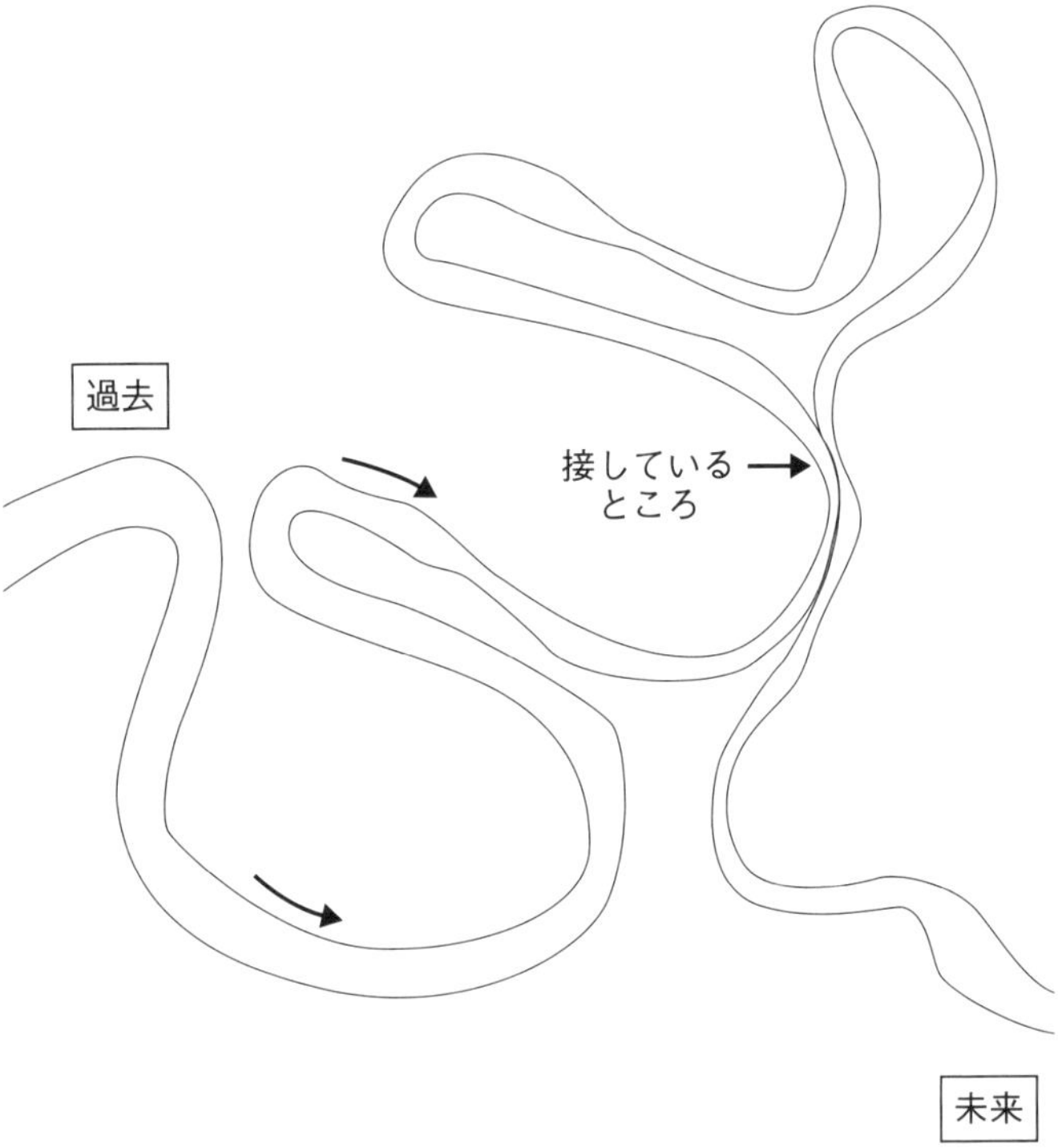

時間の線

爆発・火事・戦争などのエネルギー変動が起きると、時間の流れが接しているところは飛び越えてしまう場合があると北芝氏は言う。

えるんだと。

その話を聞いて、そうかもしれないと思いましたね。

その理論に当てはめると、モノが忽然と消えてどこかで発見されるとか、女の子が神隠しに遭って、どこかで成人して現れるとかの現象も、説明がつくんですよね。

山口　江戸時代の随筆の『耳嚢《みみぶくろ》』だったかな。足袋《たび》しかはいていない裸の男が突然、宙に現れて、落ちてきたという話がある。

どうしたのかと尋ねると、関西にいたんだけど、トイレに入ったら、急に江戸に来てしまっていたというんですね。テレポーテーションですよ。

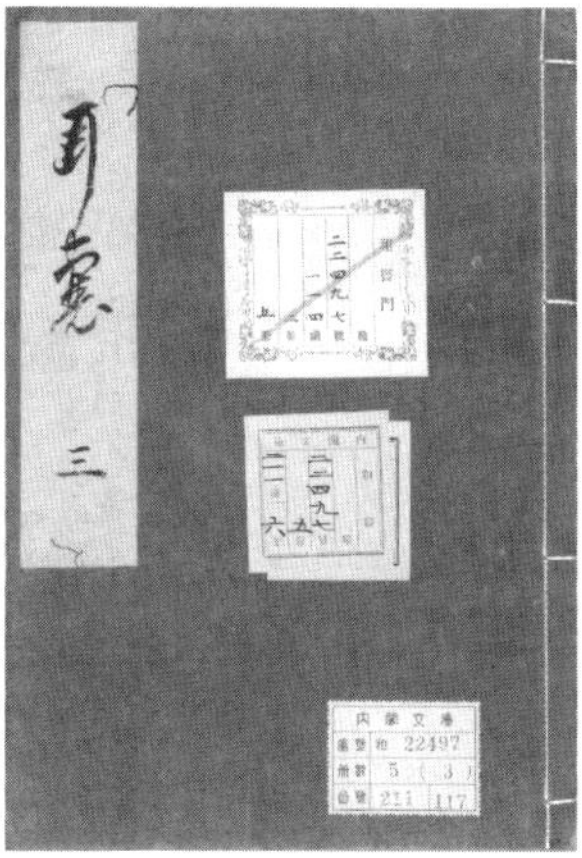

『耳嚢』は江戸中期の随筆で、著者は佐渡奉行・勘定奉行・町奉行を務めた根岸鎮衛《ねぎしやすもり》。天明から文化にかけて30余年間に書きついだ見聞録で、同僚や古老から聞き取った風俗・習慣・奇談、医術などの故実が記録されている。

これは場所の移動ですけど、時間が移動しちゃえばタイムトラベル。

北芝　そうなんです。でも、時間が移動すると、別の空間にも行けるんです。そういうことがあると思うんですよね。

山口　長野県の街道をよく飛脚が走っているという話を聞きますね。いろいろ調べてみると、コスプレでもない。飛脚が目撃されて、通報されるんだけど、なぜその飛脚が走っていたのかはわからない。

北芝　みんなで怒りまくったときに幽霊が出ますよ。今、警視庁の警察学校は府中に移ってしまったけれど、その前は中野警察学校で、僕はそこにいたんです。

夕暮れどきとか、天気が悪いときに、しょっちゅうなんですが、警察学校の校内服とは違う服を着た、10人足らずの一団が規則正しいテンポで歩いてきて、角を曲がって消えることがあるんですよ。そこは、以前は陸軍中野学校の敷地だったんです。

山口　その霊は旧日本軍の軍人ということですか。

北芝　陸軍中野学校の生徒たちです。あそこは訓練でいっぱい人が死んでいる。

陸軍中野学校は、当初、上の方の理解がなくて、なかなか予算がつかなかったので、みんな大変な思いをした。たとえば、敵に捕まって、首に縄を巻かれて、上から吊るされて、殺されそうになったときの対処法で、その状況で我慢して救出を待つという訓練があった。それは一部の武道家はやる訓練で、僕もやったことがあるんです。

僕のじいさんは外科医だったから、いろいろなことに詳しくて知っていたけど、上あごの奥の方に舌をキュッとくっつけると、首は絞まっても、その筋力がある間は呼吸ができるんです。だから、苦しくてもずっと待っていれば、救出してもらえる。

ただし、声は出ない。だから、どこかをパーンと叩いて知らせればいいんですね。

普通は、びっくりしてしまって、気道が閉じたままだから死ぬんだけど、絞まった瞬間にそれをやると気道を確保できる。そういう訓練を中野学校でやるんだけど、軍人といっても素人じゃないですか。いっぱい死ぬんですよ。

陸軍中野学校は、東京の中野にあった旧陸軍の秘密戦要員養成所。１９３８年（昭和13）、諜報や宣伝など秘密戦に関する教育や訓練を目的として設立された。写真は同校の出身者・小野田寛郎氏の著書

それだけじゃなくて、素手で人を殺す訓練もあった。敵地に行ったときに調べられるから、身に寸鉄も帯びずに要人のところに行かないといけない。それで、素手で暗殺する方法を教えた教官がいて、その一人がもう97歳ですけど、僕がやっている道場によく遊びに来ていたんです。

そんなこともあって、話を聞きに行ったら、訓練で殺し技を双方でかけ合ったりしたときとか、よく死人が出たというんです。だから**陸軍中野学校ではたくさんの死人が出たので、その敷地で幽霊が出るのは当たり前なんですよ。**

山口　亡くなった軍人さんが死んでもなお訓練しているということですね。

北芝　兵隊だから、死んでも訓練しているんです。あとで、その幽霊が着ていた服の情報を調べたら、陸軍中野学校のものだった。

山口　僕も含めてたくさんの人が見ていますけど、みんな痩せていて、体が小さかった。

北芝　ろくに栄養も取れずに訓練していたんでしょうね。

山口　そうです。お金なんかなかったから、栄養状態は悪かった。

北芝　悲しい話ですね。

幽霊が出るときに硫黄のような臭いがする？

北芝　アメリカ・テキサス州のオースティンというところに行ったことがあって、そこは霊能者に言わせると、霊的な聖地なんですね。郊外に行くと、少しだけ草が生えているけど、ほとんど荒れ野のようなところで、その向こうはずっと山なんですよ。

カブリオレのオープンカーに乗って、霊の出る場所に1回連れていってもらったことがあるんです。大勢で行くと出ないいんだけど、星が出ているような夜に二人ぐらいで行って静かにしていると、中空に女の幽霊が出る。

僕の体験で言えば、普通、霊は地面の少し上で同じ目線の高さに出るじゃないですか。でも、オースティンではまるでプロジェクターで投影しているかのように、中空に浮かんで出るんですよ。だから、オープンカーで行ったんですけどね。

青白く燃える炎に包まれながら、目をカッと見開いたきれいな白人の女が現れた。ありゃあなんだと聞いたら、あの真下を掘るとおそらく死体が出てくるという。

何があったんだと聞いたら、犯罪者が来て、女を処理するために穴を掘って、横たえて、ガソリンかけて焼いてしまったんだと。

それで、そのときまだ死んでいなかったら、怨念が燃えて、空に行くんで、宙に出るんだって。土を被せてもまだ出るんだとか。

目をカッと見開いていておっかなかったから、もういいから帰ろうと言ったら、根性なしとか言われてしまったんだけど。

山口　死んだ状態で出る幽霊は多くて、福岡県で頭からガソリンをかけて焼き殺した事件があったんです。うちのカミさんが福岡出身で、事件の直後、友達と行ってみたら、燃えて踊っているような幽霊が出てきたから、火だるま幽霊が出たと言って、みんな逃げていったんですって。

北芝　苦しいから身悶えるんですよね。

山口　思い出したんですが、「飛縁魔《ひのえんま》」（「火の閻魔」とも）という妖怪がいるんですよ。燃えながら空中に現れる妖怪で、一説によると八百屋お七（注　江戸時代前期、江戸本郷《ほんごう》の八百屋の娘で、恋人に会いたい一心で放火事件を起こし火刑に処されたとされる少女）が死んだあと全身が燃えている状態で虚空《こくう》をさまよっているものなんです。

火炙りに遭った人は、八百屋お七のように、火炙りの状態で幽霊化するのかもしれません。

北芝　ジャンヌ・ダルクもそうだと言われています。

山口　あの人も火炙りでしたね。

北芝　ジャンヌ・ダルクはイギリス軍に何十回と強姦されているんですね。ひどいんですよ。それから火炙りになっていますから、怨念はすごいと思いますよ。

そう言えば、幽霊を追いかけてしまう気丈な女の子を知っていますよ。台所辺りに幽霊が出ると、「待て」と言って、逃げると追いかける。

幽霊を追いかけると、幽霊が２階まで階段を昇っていって、かけ軸の絵の中にヒューっと入っていってしまうんだって。だけど、自分は入っていけないから、チクショウと思うんだって、怖くもなんともないと言っている。

彼女に言わせると、幽霊が出るときにくさい臭いがするんだって。

山口　悪魔とか霊は、硫黄《いおう》のようなニオイがするという人がいますね。

北芝　僕もあのニオイはそうだったのかなと思うときがありますよ。オナラみたいなニオイで、ゆで卵を割ったときのニオイをもっとひどくしたような感じです。

山口　違う次元から来るときに、そんなニオイを伴わないと来られないんでしょうね。

北芝　おそらくそうでしょうね。

千葉県の霊園に朝青龍似の魔物が出現した！

北芝　僕、霊とは言わないけど、魔物に出会ったことがあるんですよ。まるで朝青龍《あさしょうりゅう》に薄墨を塗って、仁王よりももっと恐ろしくしたみたいのがドドーンと出てきて、僕、頭がおかしくなってしまったのかと思った。

山口　どこで見たんですか。

北芝　松戸の某霊園。8月20日、日曜日の午後3時のことですよ。

代々、うちの墓の前で般若心経を読んでいるんですけど、8月20日っていったら夏の暑い盛りで、太陽さんさんですよ。出るわけがないと思っていた。ところが「ドドドドドッ！」って宙に現れて、こっちを見て、全部顔がわかった。ギャーっと思いながら見ていた。

僕、頭がおかしくなった、ダメだって思ったら消えてしまった。そのとき、家族連れで車で来ていた人たちが向こうにいたんだけど、彼らにはまったく見えていない。「見えていないのかな？　すごい音がしたのに」と思ったけど、彼らは普通に話を続けていた。そうしたら、また「ドドドドドッ！」って、斜め後ろからさっきと同じように現れた。

「ああ、来たよ。いよいよ、もうダメだ」と思いながら、ジーっと見ていた。

山口　一人だったんですか。

北芝　一人だった。だけど、般若心経を唱え始めたら、ヒューンと消えちゃた。「あれっ、消えた！」と思った。

僕、どうしようかと思った。それでね、人に言うと、絶対頭がおかしいと思われる。以前、付き合っていた女を呼び出して、あんまり怖いから、小料理屋に入って昼間っから酒飲んじゃった。

女は「どうしたの？　普段飲まないでしょ？」って言ってたけど、「おっかないことがあったんだよ」って言って、その話をした。そうしたら、「あそこはそんなのしょっちゅうよ」って。

「えっ？」って言ったけど、「私、松戸の育ちだから、そんな話しょっちゅうよ」なんて言ってた。「でも、俺の身に起きたんだぜ」と言っても、「だから？」って言われてしまった。

イラストを描いてみせたら、「そんなのは知らない」と言ってた。デカイ木があって、その枝に首吊った人がぶら下がっているとか、墓の関係者はときどき見ているらしい。それも、かなり時間をさかのぼって、あそこで首を吊った人が出てくるんだって。

さっきの話じゃないけど、時空間がずれてきたのかなという感じがする。その霊園は有名だというから、「前に見たの？　どう出るの？」って聞いたら、「私も見た」と言うから、「なに、もっと早く言えよ」って。

だから、全然感動してくれないの。あそこは、いろいろなタイプの霊が出るみたい。でも、僕が見たのは霊じゃない。襲わないから魔物とも言えないかもしれないですけど。

山口　表情はどんな感じだったんですか。

北芝　目がつり上がって、牙が出ていた。「おっかねえな」と思いましたよ。参りましたね。あんな絵に描いたようなものが出るとは思わなかったです。

山口　格好は？

北芝　インドで見た雲水《うんすい》みたいな、修行して歩いている僧みたい。だから、そっち系かなって。ただ、顔がアジア・ツングース系で、牙が出ているから、魔物でしょ。

ただし、役《えんの》行者が修行中に祈り出したと言われている金剛蔵王大権現って、自分の近辺だけに出るっていうから、それかな、って感じもする。金剛蔵王大権現というのは、空中に赤ら顔で躍り出るんですよ。それを見たあとで絵師が描いたのかもしれない。

僕が見たのは灰色なんですよ。異次元の生物で、金剛蔵王大権現とは種類が違うのかもしれないけど。今から考えると、何にもしないから、また遭ってもいいかなとも思う。また行こうかな。

山口　だけど、お経を読んだから何もしなかったかもしれないですよね。

北芝　それもありますよね。お経を読むと、魔物は体を動かせなくなるんですよ。あと、真言《しんごん》と言うけど、サンスクリットの呪文があるじゃないですか。それを読んでも、体が動かなくなる。

ヤバくなったら、一番効く真言を唱えるんですよ。それは、不動明王の真言というんですが、お教えしておきますね。

不動明王の真言

のうまく
さんまんだばざらなん
せんだまかろしゃな
そわたやうんたらた
かんまん

エピローグ
世界は謀略や冷酷な駆け引きで動いている

左翼系新聞に大陸からお金が流れているんじゃないか

山口　第2次安倍政権になってから、安倍（晋三）さんはずいぶんと腹芸ができるようになりましたね。インドやベトナムと仲良くする様子を見せつけたり、北朝鮮と仲良くして、その様子を韓国の朴槿惠《パククネ》大統領に見せつけたりして、うまくなったなという気がしますよ。

北芝　大したものだと思います。すごく成長しましたよね。

山口　アメリカ一辺倒じゃなくなりましたからね。

北芝　前の政権のときに朝日新聞のグループがこぞって安倍さんを倒そうとしたじゃないですか。確かに、あのとき体調崩したのはまずかったけど、今はもう朝日なんて相手にしないですもんね。

山口　朝日新聞が吉田証言と吉田調書の誤報を認めてから、凋落《ちょうらく》ぶりは激しいものがありますよね。

北芝　もうダメですよね。櫻井よしこがズバッと言っているけど、あの通りですもん。

山口　まさか、慰安婦問題の間違いを認めるとは思わなかったです。あれは、ある意味、英断でしたけどね。

北芝　ただ、往生際が悪いですけどね。だから、僕らの頃から海外に出ていくと、慰安婦の問題を言われるので、本当なのか、研究しましたもん。

山口　「性奴隷」という言葉はないですよね。

北芝　驚いてしまいますよね。韓国も中国もそうだけど、日本の左翼系ジャーナリズムの連中に、お金をつかませている一派がいますよ。

勝手なことを書かせるじゃないですか。金と地

位と力を保証しなかったら、あんなふうにはなりませんね。

山口　ああ。

北芝　だから、絶対、大陸からの富が流れてきているだろうと僕は疑っていますよ。〝某捏造新聞〟やジャーナリストたちにピンポイントで落ちているんじゃないかという気がする。たとえば、かつての総評（日本労働組合総評議会）には、旧ソ連の資金が来ていたというのは有名な話ですよね。今では全部わかっていますけど、それと同じですね。

やっぱり、日本のスターリン信奉者の中にいっぱい入っていたんだと思います。

山口　アメリカが読売新聞を支援したように、ソ連や北朝鮮が朝日新聞を支援することはありえますよね。

北芝　ありえると思いますし、それを巧妙に隠していると思っています。

東西ドイツの雪解けを工作したのはプーチンだった

山口　最近、ロシアとの関係も見逃せなくなってきましたね。

北芝　プーチン自身は大の親日家なんですけど、表立ってはそれを見せられないところもある。ロシアを知るためにも、プーチンの過去の業績を振り返っておく必要があるのではないかと思っています。

プーチンは東ヨーロッパの「皇帝」になりましたからね。彼はすごくて、実は、シンデレラボーイなんです。

山口　順調にきたイメージがありますが……。

北芝　本当に順調にきていたら、ずっとクレムリンの中枢にいるべきなんだけど、一回外に出されて、東ドイツに行っているんですよ。

ＫＧＢの中佐の頃に、エーリッヒ・ホーネッカーの御目つけ役で、ＫＧＢ本部のあるルビャンカからクレムリンの意向で行っている。

飛ばされた説とキャリアとして大事なところを歩いている説と二つあるんですが、プーチンは中佐だったから、おそらく普通の人事で東ドイツに行かされた。そのときにホーネッカーの御目つけ役で保護したり、「シュタージ」という秘密警察（ホーネッカーの力の源）にＫＧＢとしてタガをはめていたんです。

それで、アメリカでも日本でもイギリスでも、シュタージを捜査していた連中から話を聞くと、シュタージは鉄壁の組織だった。東ドイツ国民の盗聴を各家庭で全部やっていたという。

山口　すごいですね。

北芝　尾行や張り込みも含めて、誰が誰とセックスし、不倫はどこで行われ、政府高官の愛人は誰だとか、全部シュタージが情報を持っていたんですよ。

山口　怖いですね。

北芝　それで、この情報がぜーんぶモスクワに行っていたんですよ。そうすると、東ドイツ国民のケツのアザまでわかってしまうわけですよ。

山口　すごい管理社会ですね。

北芝　盗聴もあるし、テレビも統制されている。そのときの情報責任者はホーネッカーの御目つけ役のプーチンだった。

エーリッヒ・ホーネッカー（1912〜1994）は旧東ドイツの政治家で、ドイツ民主共和国第3代国家評議会議長（在任1976〜1989）及びドイツ社会主義統一党書記長を務めたが、1989年にソ連の衛星国であった東ヨーロッパ諸国で、共産党国家が次々と倒された東欧革命で失脚した。

山口　プーチンが今ロシアでやろうとしていることは、そういう管理社会の実現なんですか。

北芝　でもないみたいですね。でもヤバいことですね。というのは、プーチンは一度破滅を経験しているので。

１９９１年にソ連が崩壊したときに、実はプーチンはあの雪解けを演出したゴルバチョフに東ドイツで会って、ロシアの未来構築のために手を貸したんですよ。

ゴルビーは何者かというと、コルホーズだとかソホーズとかを監督していた農業の実力者ですよね。頭はいいし、ソビエト共産党の中でも農業では抜群に実力があったんですよ。

山口　はいはい。

北芝　ところが、ゴルビーには野望があって、祖国統一だけじゃなくて、東も西も盛り立てようと思ったんで、とりあえず象徴としての物理的な物、つまり、ベルリンの壁をぶっ壊したくてしょうがなかったわけ。それで東ドイツに飛んで、ホーネッカーもいたけど、プーチンもいた。それで、一緒に食事しているんですよね。

実は、プーチンがやっぱりこの体制を変えてもいいと思っていたことをゴルビーが気づいて、手を組もうということになって、二人でホーネッカーを蹴落とすことにしたんです。

山口　そうなんですか。

北芝　プーチンがあのとき抵抗したら、ホーネッカーは落ちませんでしたよ。プーチンがＯＫしたんで、ゴルビーの言う通りにホーネッカーを倒せた。

ゴルビーが大胆不敵にも「あんた、もう終わりだ」と言っているんですよ。でもホーネッカーは何もわかっていなくて、馬鹿だったから、「あんたは本当に功績があったから、もう引退してもいいよ」と言われたくらいに受け止めた。

ゴルビーはロシア語で言いました。ホーネッカーはドイツ語ですから、同席した通訳がどう言ったのかはわからない。

山口　ああ、なるほど。

北芝　結果としては、ホーネッカーはクビになりましたからね。それで、東ドイツを牛耳っていた独裁者が降ろされることになったんだけど、その足元で、東ドイツの民はハンガリーにどんどん出ていくし、もう事実上、外国旅行ができるようになった。

でも、東ベルリンから西ベルリンに逃げるときに撃たれて死んだ人が多数いたんですよね。地下道を掘ったり、いろいろなことをやって、死に物狂いでみんな逃げた。だけど、ゴルバチョフが行ったあとに、いくらでも外国旅行ができるようになった。シュタージがプーチンの配下にあるので、逃げた民を狩りたくてもプーチンがダメと言ったらダメなんですよ。

ということは、実質的にプーチンが東西ドイツの雪解けを工作して作り上げたと言ってもいいんですよ。

集団的自衛権に反対する人は自分の娘が他国の兵隊にレイプされてもいいのか

山口　工作と言えば、やはり日本人にとってアメリカの存在は大きいですよね。アメリカの植民地支配のやり方として、少数民族をトップに据えて支配体制を作るということをやる。日本人を分断するために左翼と右翼を戦わせて、左翼に反日運動をやらせて、日本人が日本を嫌いになるように仕向けてきたようなものですね。

自分の力が弱まってきたから、アメリカは「手伝ってよ」って日本に言ってきているけど、自分が70年前に今の日本の仕組みを作ってしまったから、今さら日本はなかなか方向転換できない。徐々にネットの力とかで勉強する人が増えてきて、考えは変わりつつあるんだけど、いまだに集団的自衛権に反対といって暴れている人が多いんですからね。

北芝　そうですね。

山口　僕、広島ホームテレビのロケの帰り、福山で電車に乗ったんですけど、団塊の世代を含めて、50代から60代後半ぐらいの人たちがデモをやって大暴れしていたのを見たんです。「集団的自衛権が認められたら戦争になって、あなたたちの息子は人殺しをするんですよ、いいんですか」って訴えてた。

でも、他の国の兵隊に娘がレイプされるぐらいだったら、うちの息子に「撃ちなさい」と言いますって僕は思いますけどね。

北芝　ホントですね。

山口　すぐ戦争になるわけでもないの

に、過剰に反応する人たちが一定数いるじゃないですか。

北芝　結局、上部にいる少ない人たちが、資金もそうだけど、いろいろな意味で便宜を図ってもらっているとしか考えられないですよ。やっぱりアジテーションもあるし、巧みな文章力の影響もあると思うんですが、オペレートされている人口は厳然としてあると思いますね。

もちろん、かつての軍部はひどかったとか、特高はひどかったとか、アレルギーはあると思いますよ。それは権力の側ということで、一括してくくられてしまうけども、そういうアレルギーを引き起こしてしまった先人たちが日本にいたということなんだと思います。

山口　武器とか全部放棄してしまって、何度攻められてやられても、無抵抗主義でやればいいんだとテレビで言う人もいますが、そんなことしたら、チベットみたいに男は殺され、女はレイプされてしまうということがわかっていないんですよね。

北芝　全然わかっていないんです。それで、悲惨な目に遭ってから、あのときは間違っていたと言っても、もう国際社会で取り返しがつかない。ヨーロッパの、たとえばブリテン島と一緒ですよね。

スカンジナビア人というのは心が広いんだろうと思っていたら、ブリテン島はバイキングのデンマーク人に全部取られてしまった。

今は名前まで変えられ、方言の中にもデーン語が入ってしまっているじゃないですか。いったんやられてしまったら、終わりですよ。遺伝子まで植えつけられてしまう。

マンチェスターとかリバプールとかでしゃべっている言葉はいまだにデーン語なまりなんですよ。姓までデーン人の名前を使っていますよ。

イギリスに行ったときに、びっくりしてしまった。あれ、北イングランドってイングランド人じゃないのかと思ったら、先祖はすごく多い人口がデンマーク人なんですよね。

山口　日本人は知らない人が多いですよね。僕もイギリスの歴史を勉強して、ようやく侵略されていることがわかった。

北芝　友好的と思っていたらどこの支配者でも、たとえばフランク王国のカール王なんて銀を300キロもバイキングに払ってパリから出ていってもらったけれど、また彼らは戻ってきてやられてしまっているし、軍勢が外から来たらもう終わりですよ。

島国に1回入れてしまったら、ダメですよ。日本なんてすぐですよ。西ヨーロッパにもイギリスにも良い例がたくさんあるんですけどね。

歴史的事実は知らされない？

山口　「武神」という韓流ドラマを見ていたら、新羅・百済時代に倭人の女が残ったわけですよ。女のミトコンドリアDNAは日本人として残っていて、そのあと、高麗が負けてみんな殺されて、モンゴルの血が入った。

だけど、女の日本人と同じミトコンドリアDNAは残っているんですよ。

北芝　その通りです。

山口　だから、結局女は生かされるけど、男は皆殺しになりますよね。

北芝　それは、史実でも明らかだし、みんな、おそらく本能的に知っていたと思うんですね。結局、今、北朝鮮の人間だと言っている連中も、実は、かなりの数がアジア・ツングースの出所で、中央アジアから来ている。

中国にしたところで、元《げん》という形で1回モンゴルに取られているのに、わかっていないんですよね。1回取られたら、遺伝子が変わって、別の人種になってしまうという現実に対して、平和主義を唱えているやつって、勉強が足りないし、はっきり言って愚かだと思う。

山口　百田尚樹《ひゃくた》さんが言っていたけど、「戸締まりしないと強盗入ってくるよ」って。左翼の人たちってどこまでお人好しなんだろう。

北芝　お人好しを通り越して、言ってみれば危機管理能力ゼロ。あるいは、その考え方が有害だというしかない。

平和主義者に対して有害ではないかという論客が出てきてもいいんだけど、朝日が牛耳っている某討論番組では、そういうことを言う人は、絶対に出演させない。

山口　最近、その討論番組を見たら、元ミニスカ右翼のAという女が出ていて、偉そうなことを言うんですよ。ロフトで会ったら、俺の方が大学院で修士号も取っているし、年上なのに、片手でタバコ吸いながら名刺交換しやがって。

北芝　そんなことがありましたか。

山口　男だったら、ビールをかけてやるところでしたよ。無礼にもほどがありますよ。

北芝　ホントですよね。

山口　そういうやつが人権派として出てきて、かわいそうな人たちを助けなきゃいけないとか言っていますけど。

ワーキング・プアのかわいそうな若者代表のA君というのも出てきて、ワーキング・プアは全部40歳以上の大人の責任だとかわめいている。ワーキング・プア代表の彼は、「日本が内乱状態になればいい。そうしたら、今の経済的な格差はなくなるから」とか言っていますけど。

「内乱状態になったらな、その瞬間、俺がおまえの頭をはじいてやる」と言いたいですね。

北芝　アハハ、僕も一緒に行きますよ。

山口　この時代に生き残れない人が内乱状態で生き残れるはずがないんですよ。今の社会は大人が悪いと40歳近い人間が言うけど、おまえだってもう大人だろ。

いつの時代も、若者というのは大人から搾取される対象だと思うんです。大学を出ても仕事がないなんて時代は昭和30年代とか40年代にもあったじゃないですか。

みんなその中で努力して名を成し、世の中に出てきているのに、おまえは何をしたんだ、と思う。世に出られないことを嘆いているだけでライターをやっているんですよね。そういう愚かなやつらを、朝日新聞は相変わらず量産しているんですよね。

北芝　朝日新聞が夏の高校野球のスポンサーになって、ＰＲのお先棒を担いでますけど、青春がどうとか、汗は尊いとか、僕はああいうのすごく嫌いなんですよ。どこが優勝したとか、全然かまいませんが、朝日新聞が主導してやる時代は終わったと思いますよ。

山口　前にカミさんと話していたんだけど、ソフトバンクがスポンサーで高校野球をやってもいいんじゃないですかね。

北芝　それでもいいんです。ホントです。

山口　新しい時代として、楽天がスポンサーでもかまわない。

北芝　僕もそう思いますよ。ちゃんと投資ができて、経営できるところがやればいい。

山口　手放せないのは、利権があるのでしょうね。

北芝　ただでさえ叩かれているところに高校野球まで手放したら、一気にイメージが悪くなって購読者数が減るのが怖いんでしょうね。高校野球を後援していることで、ある層の学校や親にも読んでもらえているのかもしれません。

山口　いずれにせよ、これからは移民も入ってきて日本もどんどん変わっていくでしょうから、これまでの「お花畑」左翼のような非現実的な考え方では通用しませんよ。

また、すべての陰謀論を否定するのも間違いだと思うんです。世界は謀略や冷酷な駆け引きで動いています。国際政治や世界情勢の厳しさを知り、現実的に生きていく道を探っていきたいと思います。

今回は充実した対談ができました。ありがとうございました。

北芝　これからもいろいろおもしろいことをやっていきましょう！　ありがとうございます。

（この原稿は２０１４年7月と9月に東京・新宿区で行った対談に加筆した）

「魁‼山口敏太郎のオカルト漢塾」のご案内

◎日本で一番ヤバイオカルト講座。毎月１回、浅草のマルベル堂で開催！
山口敏太郎の裏話に大爆笑し衝撃を受けること間違いなし‼

１、心霊業界の嘘を見破る‼　インチキ心霊動画糾弾
２、怪談グランプリ2014、裏話楽屋話
３、能力者やチャネラー、各研究家などの豪華ゲスト
４、新たに入手した衝撃UFO動画
５、芸能界ここだけの話

その他、山口敏太郎の本音が爆発します‼

開催時期等は適宜、下記ブログでご案内します。
http://blog.goo.ne.jp/youkaiou
お問い合わせ先
メール：tokushima5566@yahoo.co.jp

著者プロフィール

北芝 健（きたしば けん）

東京都葛飾区出身。祖父は外科医、父は内科医、母は小児科医という医師一家に生まれる。大学時代に１年間英国に居住。その後、ヨーロッパ、中近東、インド、タイ、アメリカ等へバックパッカーの旅をした後、帰国。

早稲田大学卒業後、貿易会社を経て警視庁入庁。地域警察（交番等）、刑事警察（盗犯、暴力犯、強行犯等）、公安外事警察（情報、組織犯罪、テロ等）に勤務。いわゆる刑事《デカ》と公安の両方を経験。

現在、警視庁OB団体所属。日本映画学校にて犯罪学、国際関係論を講義。NHK文化センター講師。学術社団日本安全保障・危機管理学会顧問・研究講座講師、日本経済大学大学院講師（「パブリックインテリジェンス研究」担当）、空手６段、護身術・空手道場「修道館」館長。

著書に『誰も知らない暴力団の経営学』（日本文芸社）、『北芝健のニッポン防犯生活術』（河出書房新社）、『刑事捜査バイブル』（双葉社）、『犯罪にねらわれる子どもたち』（メディア・パル）、『心理戦で勝つ技術』（KADOKAWA）、『公安情報から読み解くユダヤと天皇家の極秘情報』（飛鳥昭雄氏と共著、文芸社刊）等がある。

http://www.kitashibaken.jp

山口 敏太郎（やまぐち びんたろう）

作家・漫画原作者、編集プロ、芸能プロである㈱山口敏太郎タートルカンパニー代表取締役。お台場にて「山口敏太郎の妖怪博物館」を運営中。また町おこしとして「岐阜柳ケ瀬お化け屋敷・恐怖の細道」「阿波幻獣屋敷」のプロデュースも行っている。

レギュラー番組は、テレビ東京「おはスタ645」、読売テレビ「上沼・高田のクギズケ！」、広島ホームテレビ「アグレッシブですけど、何か?!」、テレビ朝日「ビートたけしの超常現象（秘）Ｘファイル」、ポッドキャスト「山口敏太郎の日本大好き」。そのほか、「緊急検証！」シリーズ（CSファミリー劇場／不定期放送）にレギュラー出演中。テレビ・ラジオ出演歴は300本を超える。

主な著作は『霊怪スポット』（KAWADE夢文庫）、『オカルト博士の妖怪ファイル』（朝日新聞出版）、『マンガ・アニメ都市伝説』（KKベストセラーズ）、『学校裏怪談』（マガジンランド）、『本当にいる日本の「未知生物」案内』（笠倉出版社）、『大迫力！ 日本の妖怪大百科』（西東社）、『タブーに挑む！ テレビで話せなかった激ヤバ情報暴露します』（飛鳥昭雄氏と共著、文芸社刊）など120冊を超える。

山口敏太郎のヤバイ裏メルマガ「サイバーアトランティア」
http://foomii.com/00015
山口敏太郎ちゃんねる（無料）で情報配信中
https://www.youtube.com/user/tortoisecompany

公安情報から未解決事件を読み解く！
テレビで話せなかった激ヤバ情報暴露します

2015年1月5日　初版第1刷発行

著　者　北芝 健／山口 敏太郎
発行者　瓜谷 綱延
発行所　株式会社文芸社
〒160-0022 東京都新宿区新宿1－10－1
電話 03-5369-3060（編集）
03-5369-2299（販売）

印刷所　図書印刷株式会社

ISBN978-4-286-15833-4

ユダヤ・天皇家・闇の権力の真相を暴く好評既刊書

タブーに挑む！テレビで話せなかった 激ヤバ情報暴露します
八咫烏・裏天皇情報から危険すぎるUMAの正体まで

飛鳥昭雄／山口敏太郎・著
四六判並製・本体1500円

裏天皇家「八咫烏」のトップシークレットとは？ 200歳超のアイヌのおばあさんが米軍アラスカ基地で祈祷を行っている。「宇宙人解剖ビデオ」の正体は米軍の人体実験記録だった——。内閣府職員謎の死の真相から、サンカとアメリカの対日霊的攻撃の関係、東日本大震災の霊的解釈、世界のインテリジェンス戦争の裏側等、マスメディアが決して報じないオカルト情報、陰謀情報をすべて暴露します！

公安情報から読み解くユダヤと 天皇家の極秘情報

飛鳥昭雄／北芝健・著
四六判並製・本体1500円

元公安外事警察の北芝健氏と米国から秘密情報を得ている飛鳥昭雄氏が、国家のタブー級の極秘情報・計画を暴露し合った！ 国内外のインテリジェンスに詳しい2人が、サイキック捜査の裏側や皇室の根幹を揺るがす「水爆」情報、TPPの真の狙いや沖縄独立の極秘計画、第三次世界大戦へのシナリオ等を公開する！

文芸社刊

八咫烏と闇の権力と第3次世界大戦

中丸薫／飛鳥昭雄・著

四六判並製・本体1500円

ウクライナで撃墜されたマレーシア機は失踪したマレーシア機だった⁉　イスラエル紛争は第3次世界大戦への準備だった！　天皇家の裏神事を司る〈八咫烏〉がなぜナチスと関係していたのか？　今回もマスメディアが報じない世界の絶対タブーを暴露しまくります！

ユダヤと天皇家の極秘情報と闇の権力

中丸薫／飛鳥昭雄・著

四六判並製・本体1500円

夢の組み合わせが実現！　闇の権力に詳しい中丸薫氏と、アメリカ政府関係者との独自なパイプを持ち、あらゆる極秘情報に詳しい飛鳥昭雄氏がそれぞれの最新情報・極秘情報をつきあわせ、「天皇家のルーツとユダヤとの関わり」「2013年以降地球はどうなるのか？」「闇の権力はアメリカやヨーロッパを巻き込んで何をしようとしているのか？」等々について語り合った！

闇の権力とUFOと日本救済

中丸薫／矢追純一・著

四六判並製・本体1500円

ロシアのメドヴェージェフ首相が「宇宙人は存在する」と暴露した！　闇の権力の中枢にいるのは爬虫類人だ――。UFOや宇宙人の実態が公表される日は近い！　国家紛争の種をまき、武器を売りつけようとする闇の権力の全貌を暴く！　UFOや宇宙人に関する隠蔽情報やTPPやワクチンを利用して実行される「闇の計画」を暴露する。

文芸社刊